当代日语教学创新实践研究

张 颖 著

中国书籍出版社
China Book Press

图书在版编目（CIP）数据

当代日语教学创新实践研究/张颖著. -- 北京：中国书籍出版社，2023.7

ISBN 978-7-5068-9481-4

Ⅰ.①当… Ⅱ.①张… Ⅲ.①日语—教学研究 Ⅳ.①H369.3

中国国家版本馆 CIP 数据核字 (2023) 第 120519 号

当代日语教学创新实践研究

张　颖　著

责任编辑	邹　浩
装帧设计	李文文
责任印制	孙马飞　马　芝
出版发行	中国书籍出版社
地　　址	北京市丰台区三路居路 97 号（邮编：100073）
电　　话	（010）52257143（总编室）　（010）52257140（发行部）
电子邮箱	eo@chinabp.com.cn
经　　销	全国新华书店
印　　刷	天津和萱印刷有限公司
开　　本	710 毫米 ×1000 毫米　1/16
字　　数	220 千字
印　　张	12.25
版　　次	2023 年 9 月第 1 版
印　　次	2023 年 9 月第 1 次印刷
书　　号	ISBN 978-7-5068-9481-4
定　　价	72.00 元

版权所有　翻印必究

前　言

　　日语教学是我国高等教育外语教学的重要组成部分。近年来，随着我国改革开放的深入发展，引进外资步伐的加快，日资企业大批涌入中国，随之而来的是社会对各类日语人才的需求量不断扩大。为适应这一需要，一些高校开设了日语专业，日语专业的学生人数迅速增加，就业竞争随之加剧，这无疑对日语人才培养质量提出了更高的要求。与之相适应的教学改革也呼之欲出。如何在日语教学中提高日语专业学生的人才质量、培养学生的创新思维能力，是一个值得广大日语教师认真探讨的重大课题。作者从倡导合作互动、活化教材、拓展创新思维空间，立足"学用结合"、激发创新思维潜能，鼓励立异标新、启发学生发散思维能力、增进创新思维深度等方面进行了尝试。为实现日语人才培养目标，深化教学改革、教学过程就变得越发关键。在日语教学中要培养学生的创新思维能力，激发他们的学习兴趣，尽快让他们形成自主、自觉学习的习惯，使广大学生不仅能够掌握所学的知识，还能掌握学习知识的方法，学以致用，学能活用。

　　本书第一章为日语教学概述，分别介绍了日语教学现状、日语教学的主体、日语教学的基本原则、日语教学的评价四个方面的内容；本书第二章为日语教学的相关理论及其应用，主要介绍了三个方面的内容，依次是教学方法理论研究及应用、语言学理论研究及应用、情景式教学理论研究及应用；本书第三章为日语教学模式，分别介绍了三个方面的内容，依次是日语教学模式概述、教学模式的应用、教学模式的创新与发展；本书第四章为日语教学中自主学习能力的培养，依次介绍了传统学习方式的弊端、面向未来的学习观、教学中激发学生学习兴趣的策略、日语自主学习能力的培养措施四个方面的内容；本书第五章为日语教学中的创新实践，主要介绍了三个方面的内容，分别是教师与学生的创新性培养、思维创新在日语教学中的实践、互联网与日语教学实践。

　　在撰写本书的过程中，作者得到了许多专家学者的帮助和指导，参考了大量的学术文献，在此表示真诚的感谢！

由于作者水平有限，加之时间仓促，本书难免存在一些疏漏，在此，恳请同行专家和读者朋友批评指正！

作者

2022 年 7 月

目 录

第一章　日语教学概述 1
　　第一节　日语教学现状 1
　　第二节　日语教学的主体 5
　　第三节　日语教学的基本原则 21
　　第四节　日语教学的评价 29

第二章　日语教学的相关理论及其应用 46
　　第一节　教学方法理论研究及应用 46
　　第二节　语言学理论研究及应用 63
　　第三节　情景式教学理论研究及应用 72

第三章　日语教学模式 77
　　第一节　日语教学模式概述 77
　　第二节　教学模式的应用 82
　　第三节　教学模式的创新与发展 95

第四章　日语教学中自主学习能力的培养 117
　　第一节　传统学习方式的弊端 117
　　第二节　面向未来的学习观 126
　　第三节　教学中激发学生学习兴趣的策略 130
　　第四节　日语自主学习能力的培养措施 144

第五章　日语教学中的创新实践 ··· 152
第一节　教师与学生的创新性培养 ································ 152
第二节　思维创新在日语教学中的实践 ··························· 164
第三节　互联网与日语教学实践 ····································· 179

参考文献 ··· 189

第一章 日语教学概述

本书第一章为日语教学概述，从日语的基本教学内容出发，分别介绍了日语教学现状、日语教学的主体、日语教学的基本原则、日语教学的评价四个方面的内容。

第一节 日语教学现状

目前很多高校的日语教学，由于教学体系不完整，师资力量薄弱以及教学模式的单一，导致学生日语基础较弱，日语的教学水平也很难得到提高。本节通过分析我国高校日语语言教学的现状，寻找和研究优化日语语言教学的对策。立足日语语言教学的根本目的，逐渐提高我国高校的日语教学质量。

当前，伴随我国改革向纵深迈进，经济水平也得到了快速提升，故而逐渐增加了与其他国家之间的贸易往来，自然也有更多的和日本的交流活动。因此，对于中国与日本而言，在交流过程中，"日语"便成为非常重要的语言工具。为进一步加快我国国际化进程，推动中日两国友好交流合作，当前，我国很多高等院校增设对日语语言专业，旨在确保我国学生能对日语语言有较好的掌握，具备一定的沟通交流能力。然而，现如今，在国际上日语有着较低的使用频率，难以像英语那样成为国与国之间沟通交流的主要工具。各高校日语教学也依旧缺乏创新突破，仍运用传统的教学方法，日语教师也欠缺教学创新意识，这些都使得我国高校日语语言教学体系有待进一步完善，亟需真正凸显日语语言教学的根本目的。

一、日语语言教学存在的问题

今时今日，中国与日本在多个领域都有密切的常态化合作，在我国，日语已然成为主要的外语学科建设体系。如前所述，为与时代发展潮流相顺应，满足国家与社会对人才的需求，我国很多高校都构建起日语学科体系，且在日语教学方面收获颇丰。但是，我们也要清醒地认识到，现如今，在日语学科建设方面，我们仍然面临一些亟待解决的问题。

（一）教学方式陈旧

当前，我国大部分高校仍旧对传统教学方法、教学方式以及教学模式进行保留，沿用传统的教学体系。因此，对于日语教师而言，教材中囊括的内容是其进行知识传授的主要内容。绝大多数教师都只为学生讲解单一的教材内容，而在布置作业时，也只是让学生对课文进行背诵或抄写。于是，学生想要实现日语语言学习成绩的提升，唯有采用死记硬背这种办法。然而，实践告诉我们，传统的教学体系中陈旧的教学方式，让日语教学课堂失去生机，变得枯燥、乏味、僵化，导致课堂死气沉沉，毫无热烈的学习气氛，不仅学生不愿主动学习，教师也不愿积极教学，导致教学活动陷入恶性循环之中，学生由此失去灵活性与自主性。实践表明，我国高校日语语言专业的学生，即便有着优异的成绩，毕业后也常常会出现"毕业即失业"的问题，陷入"就业难"的苦恼之中。这更加需要高校调整传统的教学方式方法，重视学生语言应用能力，使他们所学的理论知识应用于实践之中，改善综合语言能力不足的问题，满足社会对人才的需求，有利于学生找到合适工作。

（二）缺少良好的教学资源

当前，我国现代化建设开展得如火如荼，可以想见，国家与社会将需要更多的外语专业人才。因此，教学部门应加大复合型人才培养力度，将之作为一项重要任务，使人才培养更好地与我国发展相顺应。现如今，日语语言专业已被增设进我国大多数高等院校之中，然而也存在诸多问题，如单一的教学材料设计、较慢的教材改编更新速度。

除此之外，通过对目前我国高校日语语言专业课程安排进行分析，不难看出，日语语言专业课课时较少，如此设置课程，自然导致学生学习时间减少，难以有效提升自身语言能力，对学生语言交际能力的发展和实际应用能力的增强也产生不利影响。由于日语属于"小语种"，高校未能从教学资源方面对其予以政策倾斜与重视，导致学生渐渐不再认真学习，他们心中也未将日语语言课程放在主要地位。

（三）师资力量薄弱

当前，我国经济市场迫切需要大量语言专业人才，因而市场和企业都十分青睐日语专业人才。然而，就我国高校日语专业师资队伍而言，仍存在很多问题，如日语语言教师缺乏教学经验，高校未能提供机会供教师外出深造、交流，等等。除此之外，部分教师对日语课程未能给予足够重视，未能合理、妥善安排课程，甚至对待日语课程就像对待选修课程一样，并且教师往往有着繁重的教学任务，因而会尽量加快教学进度，加之采用传统的、陈旧的教学方式，更加重了教学的机械化，导致学生丧失兴趣，不愿学习。长此以往，不仅学生降低了日语学习兴趣，教师也很难取得理想教学成效。

二、日语语言教学的优化

（一）不断完善日语教学体系

在高校创建日语教学体系的过程中，有一项首要任务，那便是对学生的综合实践能力进行培育，唯有如此，方能满足当今社会市场与企业的需求，实现学生就业率的提升。我国高校日语教学体系有待进一步完善，并且与时俱进地制订教学目标，更新教学思想。除此之外，也应当及时效仿时下流行的教学模式，并结合自身教学任务对教学模式不断发展创新。只有将新的日语教学体系建立起来，才能实现教学质量、教学水平的不断提升。

在编排、设计教学内容的过程中，教师要对日语基础知识的教学予以注重，帮助学生将扎实的日语语言基础建立起来，将学习日语知识的方法传授给学生。

同时，由于当前社会市场、企业对日语专业人才的需求与日俱增，各高校也纷纷对日语语言专业选修课程进行增设，学生从自身兴趣爱好出发，选择日语选修课程进行学习。基于此，在制订选修课教学内容时，应当注重培养学生兴趣，如将日本文化特色介绍给学生，让其产生浓厚学习兴趣。

除此之外，日语教师还应当正确传授日语语言专业知识，在持续研究、探索过程中，对教学目标予以明确，进而构建出合理而完善的教学体系，为高校日语语言教学的发展注入强大动力。

（二）不断提高教师的整体素质

高校日语教师必须对自身有明确认识，充分了解在日语教学中，自己所发挥的关键作用。日语教师在开展日语教学时，要采用正确方式对学生进行引导，营造出良好的课堂学习氛围，对学生的积极性予以充分调动，使其主动学习日语，自觉融入课堂。日语教师要注意，在开展日语教学时，应当尽可能全过程使用日语教学，防止让学生在学习日语时受到固化的思维模式影响。

当然，日语教师也应当不断自我精进，实现自身职业素养和专业知识的提升，要及时"充电"，以更好应对扩展后的教学内容。日语教师要多对日常生活与社会问题予以关注，将教材中的理论知识与实际情况相结合，将更多的课外知识拓展给学生。想要做到这点，日语教师就要不断学习，强化对外交流，一方面实现自身教学水平的提升，另一方面也有助于新型教学模式的探索。

（三）选用合理的教材资源

教材资源是教学过程中的重要工具，起到传递知识的作用。从教学效果、社会需求角度来看，对于教学而言，对综合型人才进行培养是其根本目的。我们应当以新兴教学理念为指导，立足教材编制时间与内容，对教学材料资源进行选择，确保选择是合理的、科学的。当前，我国教育改革不断推进，处于发展之中，对教材编制也提出了更高要求，即应当满足不同学习程度的学生所需。教师要立足时代发展，对学生实际情况加以考虑，将富有趣味的、新颖的教学内容不断添加至教学中。除此之外，教师还要将社会热点内容以及其他新鲜内容不断补充到教学过程中，如此方能与日语语言教学发展趋势相符，为学生步入社会奠定基础。

（四）营造语言环境

一定程度上看，语言学习效果颇受语言环境影响。对于学生来说，在他们对日语进行学习时，最需要的便是语言环境。因此，高校日语教师应当为学生创造一定的语言环境。教师在对语言环境进行营造时，首先要让学生全面而深入地了解日本文化，因为文化背景中孕育着语言环境。例如，教师可以在授课时为学生播放一些讲述日本风土人情的影视资料，让学生对之更为熟悉。教师要从学生学习特点以及爱好出发，做到充足备课。除此之外，教师也要注重对学生日语思维能力的培养，让学生遇到相关问题时，能够运用这种能力分析问题、解决问题。

(五)创建中国特色日语教学方式

当前,我国高校日语教学水平提升迅速,教育学者也愈发将目光投向一种新兴的教学理念——中国特色日语教学。一般而言,我国在日语教学过程中,选用的是国外教材,因而使用的也是国外教学用语和基本语法。显而易见,国外教学材料未能很好地融合于中国文化背景。因此,我国高校日语教学过程中,应当对富有中国特色的教育内容进行增添,进行中国特色日语教学方式创建。

第二节 日语教学的主体

一、教学主体理论

教学主体问题实质上是对教学过程中学生与教师关系的认识问题,也就是学生和教师在教学过程中各处于什么样的地位,学生的学和教师的教是何种关系的问题。

(一)国外的教学主体理论

针对学生的学和教师的教之间的关系,最先提出的是"学生中心论"和"教师中心论"这两种截然不同的观点。

"学生中心说"以卢梭、杜威等为代表。这种观点认为学生的发展是一个自然的过程,教师不能主宰这一过程,主张教育过程中教师应尽量减少干预,放手让学生去经历或体验,学生只有在个体经验中才能获得发展。

"教师中心论"以赫尔巴特等为代表。这种观点认为学生的个体发展受到教师的教学形式、教学方法的影响,因此十分重视教师的权威,强调发挥教师在教学过程中的绝对支配作用。

这两种观点从理论上分析都有偏颇之处,前者过分强调内因的作用,倾向于人本主义理论,忽视了教师等外部因素对学生个体发展的推动作用;后者则过分强调外因的推动作用,倾向于行为主义理论,认为学生的个体发展完全取决于教师的引导和教育。这两种观点各执一端,未能从辩证的角度对教学活动中教师和学生的地位和关系作出科学合理的解释,对教学实践的指导作用有限。①

20世纪30年代开始,苏联教育理论学界对"学生中心论"和"教师中心论"两种理论进行了分析和批判,对教学过程中教师与学生的关系进行了新的探索,提出了"主导主动说"。这种学说肯定教师在教学过程中的主导作用的同时,指出要发挥学生的自觉性、主动性和积极性,较为合理地反映了教学过程中教师和学生的辩证关系。②

(二)主导主体说

伴随着我国政治、经济、社会的不断进步,一些教育理论工作者对以往的教学制度进行了抨击,反对过去那种以教为中心,教师讲、学生听的做法,希望推动实现教学重心由"教"转向"学"。20世纪80年代,我国学者明确地把"学为主体"与"教为主导"的观点结合起来,认为教学过程中必须坚持教师主导作用,同时对学生的主体地位予以确立,确保学生的主体地位与教师的主导作用具有一致性,由此形成了被我国教育界广泛认可的"主导主体说"。③

"主导主体说"认识到教学活动有别于一般认识活动的特殊性。教学活动主要是一种认识活动,然而,相较于一般认识主体,这种认识活动的主体是不同的。除此之外,教学认识也有着特殊的客体。学生认识的直接对象并非客观事物,他们在对客观世界进行认识的过程中,是以课程教材作为中介的。在这一过程中,教师起着主导作用,引导学生认识客体。

"主导主体说"对学生、教师从事活动的不同性质予以区分,在其看来,教师主要从事实践活动——教会学生进行认识;学生主要从事认识活动——接受教师引导,对世界进行认识。

"主导主体说"还认识到教师的教授活动和学生的学习活动在层次上的差异。对人类在漫长历史中积攒的经验进行学习与掌握,并将其内化为自身知识结构,实现个人发展,就是学生学习活动的基本内容,其属于第一层次的活动。教师的教授活动要求教师控制和引导学生的学习活动,使学生迅速、高效地进行学习,

---

① 李秉德.教学论[M].北京:人民教育出版社,2001.
② 李森.现代教学论纲要[M].北京:人民教育出版社,2005.
③ 王策三.论教师的主导作用与学生的主体地位[J].北京师范大学学报,1983(6):70-76.

这一过程使学生从无知到有知，从缺乏能力到具备一定的能力。①

总体来看，"主导主体说"较为准确地反映了教学过程中教与学的辩证关系。20世纪80年代中期以后，虽然出现了"师生双主体说""教师单主体说""学生单主体说""阶段主体说""否定主体说""复合主体说"等各种观点，但是"主导主体说"依然受到了我国教育理论界和教学一线教师的广泛认可。

在当今我国的日语教育界，"以学生为主体，以教师为主导"这一观念同样具有广泛的影响。其对以往主要的课堂形式（学生听、教师讲）加以改变，实现学生主体作用的充分发挥，使学生日语学习的主动性、积极性得到提升，使其积极发挥主观能动性；同时，也要确保日语教师主导作用的发挥，使教师能更好地引导学生开展日语学习，从而提升学生的学习效果。

"以学生为主体，以教师为主导"这一观念在不同的著作和文件中存在着多种近似的表达方式，具体到中学日语课程标准来说，其中提出的说法是"教师指导"而非"教师主导"。

例如，《义务教育日语课程标准（2011年版）》的"第一部分前言"的"二、课程基本理念"中提出"日语课程是学生在教师指导下自主构建知识、发展技能、活跃思维、展现个性和拓宽视野的过程"。

《义务教育日语课程标准（2011年版）》和《普通高中日语课程标准（实验）》的"实施建议"中都提出，在实施日语课程的过程中，"教师应树立符合学生发展需求的教学观念，改变以教师为中心、以传授书本知识为目的的单一教学模式，从知识的传授者转变为学习的促进者、指导者、组织者、帮助者、参与者和合作者，使教学过程成为一个教师与学生交流的互动过程"。

对这一观点的表述方式虽然不同，但总体来看，内涵基本一致。鉴于日语课程标准中的提法是"教师指导"，本书以下采用这种表述方式。

二、教师

（一）教师的基本能力

日语教师同样是教师，因此，其应当拥有教师必须具有的能力。

---

① 李森. 现代教学纲要［M］. 北京：人民教育出版社，2005.

1. 教师的智力

（1）教师观察能力

客观而全面、深入而细致、准确而迅速是教师观察学生的能力的三个主要表现。

观察迅速是指教师能够迅速及时地捕捉学生瞬间的表情和行为细微变化，采取适宜的对应措施，适当调节教学内容或稍作教学停顿，改变课堂教学气氛，及时吸引学生注意力，完成教学任务。

观察准确是指教师要能透过现象看到事物的本质，了解学生的心理性格特点、思想、学习情况以及学生所处的学习环境等，以此为基础，与学生语言变化、动作变化、细微表情相结合，合理分析、准确判断，继而保证处理得当。

观察细致就是教师能够对学生态度、服饰、行为、语言的细微变化进行观察，继而对学生的思想状态准确掌握。教师不可"以成绩论英雄""以貌取人"，要对所有学生的闪光点予以捕捉。对于学生而言，教师的评价很可能对其一生发展产生影响。因此，教师务必细致入微地进行观察。

观察深入是指教师要理解学生处于成长期，心理稳定性较弱，容易情绪波动，不能以一时一事的观察下结论。对学生的观察可以是课堂上，也可以是课下，可以是群体活动，也可以是在个体活动中。还要承认学生正处于成长发展阶段，需要对学生长时间反复观察，才能做到观察深入。

观察全面客观是指教师对学生的观察可以从不同角度进行：或智力水平，或身体素质，或性格气质，或家庭教养，或环境影响，等等。教师对学生的观察地点还包括校内和校外，要了解他的同学、家长、其他任课教师，只有这样才有可能全面客观地认识学生。

（2）教师的思维能力

大脑反映、推理、判断、综合、分析客观事物的能力，就是思维能力。众所周知，教师属于脑力劳动者，而思维正是脑力劳动的核心。教师思路开阔、机敏灵活，善于权变，这比单纯掌握某种教学方法和课堂管理原则往往更重要。

对教师思维能力的要求可概括为五性：思维的敏捷性、思维的广阔性、思维的深刻性、思维的条理性和思维的创造性。

所谓思维的敏捷性，指的是教师开展智力活动的灵敏程度。思维的敏捷性主要表现为，对于课堂以及其他教育活动中的突发情况，教师能够迅速反应、及时处理，能够立足新情况，快速对自己的思维方向进行选择与明确，保证能够正常开展教学活动。

所谓思维的广阔性，指的是教师遇事能拥有开阔的思路，可以运用不同方法，从不同方面、不同角度对问题进行思考与解决。

所谓思维的深刻性，指的是教师不会为表象所困扰、迷惑，能将问题的本质准确把握住。这一能力可以帮助教师对教材中抽象概括的规律性知识进行深度理解，深入浅出地传授给学生。同时，这一能力还有助于教师在教学准备和教育科研中高效地筛选资料，辨别真理与谬误。也有助于教师在管理学生时透过现象看本质，深刻认识学生行为动机，有的放矢地指导学生。

所谓思维的条理性是指教师讲述问题、处理事情时思路清晰、有条不紊，连贯严密。这有助于教师在课堂教学、班级管理、阅读提高等方面做到井然有序、事半功倍。

所谓思维的创造性，指的是教师对智慧加以启迪、对知识进行传授时，一定要从学生实际出发，创造性地加工知识，并通过概括、提炼，让其能够为学生轻松接受。教师创造性思维水平的高低，很大程度上决定着教师授课能力的高低，没有学生会喜欢或能够从"照本宣科""依葫芦画瓢"的课堂上取得太大的收获。

（3）教师的想象能力

教师在进行教材理解、教学设计、课堂教学以及做学生思想工作时都离不开想象力。想象力是人脑在感性形象基础上创造出新形象的能力。教师的想象力一要丰富，二要合理，三要新颖。

教师在解读日文诗歌、小说、散文时，利用想象和描绘，可以带领学生进入如诗如画的意境；在讲解日本历史和地理时可利用地图和形象化的暗示或描述，帮助学生思维再现自然界的形象和历史上的生活情境。

但是想象要合情合理、有根有据，不能脱离事实和个人的实际。

想象要新颖是指不仅依赖教科书、教学参考书中现成的资料，还可以利用多媒体、动漫、漫画书等学生喜闻乐见的素材，帮助学生理解枯燥抽象的知识，培养学生活跃的思维。

2.教师的表达能力

（1）教师的口语表达能力

日语教师的口语表达能力在日语课堂教学中起到引领示范作用，对于没有语言环境的日语语言教学来说，作用更是显著。

当前，课堂教学中大量融入现代化教学手段，尽管从一定程度上看，其能够对传统教学中"教师灌输、学生被动接受"的问题进行改善，然而，教师与学生之间直接的交流是无法被现代化教育手段取代的。一名优秀的教师，既要像艺术家一样有着丰富的情感，又要像演说家一样能够雄辩论证，还要具有教育家那严密的逻辑以及如语言学家一般做到准确用词。

教师应当具备良好的口语表达能力，其讲话应当充满节奏感，抑扬顿挫；应当蕴含激励性，能够启发点拨学生；应当具有层次感，做到条理清晰；应当富含幽默感，生动通俗；应当具备示范性，简明准确。

教师传授给学生的，都是具有严格科学性的知识，唯有通过严密、准确的语言加以表述，才能确保学生对知识的正确理解。因此，在课堂教学中日语教师更要注意自身语言的规范性和示范性。

教材是用规范的书面语言表达严整的知识体系，有些语句语段内涵丰富，对于学生来说，直接读未必能够理解和记住。这就要求教师要能把某些概括性强的语言表述得明确、具体、通俗，尽量用直观性强的语言，把内容描述得生动有趣，借助幽默的讲解增加讲授内容的形象性和鲜明性，让学生一听就懂，印象深刻，记忆持久。

教师职业要求教师口语要合乎语言规范，表达的语言要条理清晰、逻辑严密、语意流畅贯通、明晰显豁。

教师职业要求教师不仅要教书还要育人。教师的一句点拨可令学生茅塞顿开，一句激励可使学生终身铭记。教师对学生进行启示和启发时，可以含蓄或直白，但一定要情真意切，精诚所至方能打动人心。教师需注意语言运用要细加斟酌、选择，以鼓励激励为主，批评语言也需注意要严厉而不伤学生的自尊心和上进心。

日语教师要注重课堂教学使用的日语语言的语音、语调，同时还要注意音量、语速、节奏既要符合学生日语水平，还要符合日语日常表达特点，做到抑扬顿挫、疏密有致、刚柔并济，符合教材内容及所表现的男女老幼的特点。这会使课堂教学变得形象深刻、生动引人。

（2）教师的体语表现能力

教师的体语主要通过眼睛、面部表情和动作姿势来表达。课堂教学中教师运用体语时要注意：目光分配要合理、面部表情要适宜、动作姿势要恰当。

目光分配合理是指教师要尽可能关注到所有学生，而不是长时间地直视某个学生，更不能东张西望，或目视天花板，或目视地面，这样会给学生不自信、心绪不宁的印象。学生透过教师坚定、自信、稳健、平和、睿智的目光，会产生被吸引、想亲近、敬重的情感体验，这有助于建立良好的师生关系。

人可以通过色彩变化、面部形态变化，将那些深刻、复杂、微妙的，不适合通过语言表达，或者不容易通过语言表达的思想感情表露得精密、准确。在课堂上，学生能够捕捉教师的面部表情并从中"读出"信息，从而明确自己需要作出怎样的反应。因此，教师面部表情应当平易近人，体现温和感；要控制喜怒哀乐，做到适度不夸张；要表里如一，坚持自然本真。这样对教师与学生的感情交流是很有助益的，能够让学生不再恐惧教师。

在课堂上，学生往往会将教师作为自己注目的中心，因而教师的一举一动、一招一式都分外直观，教师也必须对自己的言行举止多加注意。教师的姿势主要指的是站姿，而教师的动作主要指的是手臂和手掌的动作。教师在课堂上不应有太多的手势动作，要做一些有助于传递微妙信息的动作，激发学生想象和思考，加深学生情感体验，服从教学需要。在使用动作时要准确，有分寸，不夸张，力度适当。站姿也要注意自然平稳，不能依靠桌面、呆若木桩，或频繁快速移动，在学生座位间穿行，这些都会使学生产生不良心理感受。

（3）教师的书写能力

教师的书写能力是指教师正确、熟练地书写文字，自如应用简笔画，明晰画出图示、图表的能力。教师的中日文书写要正确规范、美观大方，书写要态势自然、节奏和谐，还要能画出形象的简笔画和图示、图表。

课堂教学中，教师注意到正确区分中文汉字和日文当用汉字，注意日文假名的书写笔顺，注意板书字体的美观和大小，板书设计要精美，适当辅助简笔画或图表，这样有助于吸引学生注意，激发学生的兴趣和模仿，直接影响到课堂教学的效果。

3. 教师的教育能力

（1）全面了解学生的能力

了解是教育的前提，只有从宏观到微观都了解学生，才能有的放矢地实施教育行为，收到理想的教育效果。

了解学生要做到了解学生整体和个体。

了解学生整体，一是要了解当代学生个性特征的显著变化，如独生子女与非独生子女的个性差异、城乡环境差异带来的学生差异等；二是要了解当代学生的道德意识、审美观与上代人的差异；三是要了解大学生思维状况的微妙变化，如电视、电脑对人的大脑右半球的刺激，促使青少年视觉成像的右半脑日益发达，大脑左半球有退化的倾向，从而产生厌学、不愿苦学的倾向；四是了解同伴、家庭对学生影响的差异。

了解学生个体，一是对学生的特长爱好、内心需求进行了解；二是对学生的修养品行、学习表现进行了解；三是对学生的学习动因、学习能力进行了解；四是对学生的心理素质进行了解。

（2）正确评价学生的能力

教师在评价学生时要注意客观性和公正性，了解学生渴望正面评价的特殊心理，教师在评价学生时要克服如"第一印象决定一切""阶段性评价代替整体评价""一俊遮百丑的光环效应""只看眼前不看过往的近因效应"等心理偏见，准确把握好积极评价和消极评价的使用度，做到准确适宜、恰如其分。

教师在评价时还要注意评价的激励作用，无论是评价内容、还是评价语言都要注意其激励性，好的评语应该是哲理诗，言有尽而意无穷；应该是进行曲，激奋人心，催人向上；应该是说辞，使人明理悟道；应该是箴言，促人警醒奋进。

（二）日语教师的角色

学生、家长、学校和社会分别从各自的角度对日语教师提出了多种多样的期望和要求，赋予了日语教师多方面的职责和功能。日语教师需要根据各方面的不同要求，扮演多重角色。教师最重要的职责是教学，单从教学的角度来看，日语教师大致需要扮演以下几种角色。

1. 日语知识和技能的传授者

日语教师在教学中最首要的角色是日语知识和技能的传授者，这是日语教师扮演的核心的角色。

在对一门新语言（这里便是指日语）进行学习时，学生需要通过教师习得日语的种种基础知识，如基本构成、形成过程与背景等。除此之外，学生还要对形式复杂、数量众多的语言表达进行掌握。针对日语教学而言，教师必须通过多种多样的方式对上述知识加以传授。

不过，教师一定要注意，在对日语知识进行传授的过程中，不是说直接告诉学生知识就足够了，教师还要注重对学生的引导，使之对学习方法予以关注，在将知识传授给学生的基础上，让学生学会怎样学习日语。而这正是过去我国日语教学中未能予以重视之处。

除此之外，教师也要认识到，现如今，科学技术日新月异，互联网技术迅猛发展，学生能够更加便捷地获取、传递信息。尽管对于学生来说，日语教师依旧是重要的知识信息源与传递者，但失去了唯一性。

日语教师应当对这一趋势有清醒认识，并且认真地、正确地对待这一趋势，要懂得如何对科技提供的便利加以利用，切实紧跟时代步伐，成为一名既拥有渊博的日语知识，又能对科技进行灵活运用，使之服务于教学的日语教师。

除此之外，语言也属于实践学科。语言知识密切关联于语言运用能力。不过，在形成语言运用能力的过程中，不仅要依靠语言知识，还必须反复、持续展开各种训练。在对学生日语运用能力的培养方面，日语教师是责无旁贷的。教师应当对各种语言能力训练活动进行设计、指导、组织、评价。我国日语教育以培养受教育者日语运用能力为更高目标。所以，日语教师应当对日语运用能力和日语知识之间的关系有清晰而科学的认识，对教学的各环节进行精心设计，尽最大努力实现学生日语运用能力的提升。

2. 日语课程的构建者

在传统的课程理念和教育环境下，日语教师的作用受到很大限制。一般来说，日语教师严格遵照学校的教学计划以及日语学科的教学大纲和教材开展教学就算完成任务。然而，伴随教学理论的发展和课程理念的更新，日语课程的构建有了更多要求，学习内容需要结合学生的日常生活，让学生多多实践练习。相应的，这也对日语教师的教学提出更高要求，同时为一线的教学活动预留了广阔的拓展空间。日语教师需要根据课程的要求，从自己所在学校的实际出发，选择课程内容，构建日语课程体系。

3. 课堂活动的设计者和组织者

日语教师除了要参与日语课程的构建，还需要设计和组织日常的课堂教学活动，肩负起指导课堂教学的职责。教师是课堂教学活动的"总指挥"，需要熟悉本班学生的学情（学习日语的动机、积极性、学习能力、已有的日语水平、其他学科的学习情况等），结合课程的培养目标，设计出课堂活动的"蓝图"；还要在课堂上组织学生按照"蓝图"开展各类学习活动，并实时监控课堂教学活动的开展情况，预测可能出现的风险，解决已经发生的问题，尽最大可能保证"蓝图"变为现实。

4. 班级集体的领导者

学校的日语教学活动大都是以"班"为单位展开，日语教师"领导"着整个班集体。教师的领导方式和管理策略，影响着整个班在上日语课时的课堂气氛，甚至对整个班的班风、学风也会产生影响。合理有效的领导方式不仅为日语教学活动的顺利开展提供有力的保障，长远来看，还对学生个性的发展和行为模式的养成都具有重要的意义。

从我国日语教育的现状来看，各学校的"日语班"（以日语为第一外语）数量较少，一般会由该校的日语教师担任"日语班"的班主任，或者承担类似的管理职务。如何提高学生的自信心，调动学生学习日语的积极性，形成良好的学习风气，带领学生顺利完成各项学习任务，帮助学生取得令人满意的成绩，这些都考验着日语教师对班集体的领导能力。

5. 与同事交流、与家长沟通的协作者

学生学习成绩的提高、个体素质的发展不仅靠学校和教师的尽职尽责，还依赖家庭、学校和社会的全面合作。作为一名任课教师，要学会与学生家长展开有效的沟通和合作。特别是从现实情况来看，日语教师应该多和家长沟通，让家长了解学生的真实学习状态，并与家长一起制订个性化的指导计划，做到因材施教，尽可能发挥学生的优势，激发学生的潜力，帮助学生为将来作出合理的规划。与家长良好的沟通，不但有助于教师展开教学活动，也有助于教师获得家长的理解与支持。

6. 终身学习者和教学研究者

日语作为一门语言，其内容纷繁复杂，而且与日本社会文化和日本人的思维都有着紧密的联系，要做到对日语深入研究、科学理解和全面把握是非常困难的。虽然一般来讲，日语教师的专业素养要远远超过其所教的学生，但是在日常的教学过程中，教师仍然经常会碰到难以圆满解答的问题。特别是伴随着知识信息化的迅速发展，学生获取的信息越来越丰富，获得信息的渠道也越来越多。在这样的背景下，日语教师只有不断学习，提高自己的专业素养，才能更好地完成教师答疑解惑的职责。

此外，我国的日语教师，对教育学、心理学以及教学理论的了解较少，这会对其教学产生严重的阻碍。教学实践的积累和教学经验的总结也是教师的职责之一，这有助于教师加深对教学的理解和把握，实现优秀教学成果的共享。我国的日语教师在教学理论的学习和教学研究方面还需要继续努力。

日语教师承载着学校、家长、学生多方面的期待。很多教师除了教学方面的职责，还承担着班级管理工作，甚至承担着学校的管理工作和对外联络工作。教师承担的职责是多样的，扮演的角色是多重的，工作压力是巨大的。

（三）日语教学艺术及风格

1. 日语教学艺术

"教学是一门艺术"，这是教育学界普遍接受的观点。对于什么是教学艺术，教学艺术包含哪些具体内容，不同的研究者从各自研究的角度出发，分别给出了不同答案。

一般来说，所谓教学艺术，就是在一定教学思想的指导下，教师通过对丰富多样的教学技巧和技能的综合运用，对美的规律加以遵循，从而开展的创造性教学实践活动。具体到日语教学艺术，指的就是在一定教学思想的指导下，日语教师通过对丰富多样的外语教学技巧、技能的综合运用，开展的具有创造性的日语教学实践活动。日语教学艺术对学生的成长具有重要的推动作用，对教师的发展也具有积极的引导意义。

从学生的角度来说，高超的日语教学艺术能够陶冶学生情操、提高日语学习的效果、创造愉悦的学习环境。平等和谐的日语师生关系，生动活泼的日语教学氛围，丰富多彩的人际交往活动，都能够让学生潜移默化地受到感染和教育。教学艺术高超的日语教师往往能以优雅、自然、亲切的教态，生动、形象、幽默的教学语言，吸引学生的注意力，建立良好的个人权威，使学生对教师产生好感，从而大大提高学生学习日语的兴趣。

日语教师教学艺术的水平在一定程度上左右着学生学习日语的积极性。教学艺术精湛的日语教师还能够发挥学生的优势，并给学生留出足够的自我发挥空间，鼓励学生自己总结概括日语的特点、探究日语背后隐藏的文化背景、构建自己的日语知识结构，实现学生的自主学习。

情趣化也是日语教学艺术的重要组成部分。日语教师简洁、流畅的日语表达，自由插入的小故事，惟妙惟肖的日语模仿，忘情的日语诗歌朗诵和日语歌曲演唱等都能够缓解学生学习的疲劳，避免课堂的单调，营造一个轻松愉快的日语学习环境。

从日语教师的职业发展来说，具有高超的日语教学艺术是一名日语教师成熟的重要标志，它会增强该教师对自己职业的认同感和自信心，让其感受到日语教师这个职业的美和独特之处，也会更加激励其提高自身的修养和各方面的能力。

2. 日语教学风格

日语教学风格是指日语教师在长期教学实践中逐步形成的、富有成效的一套日语教学观点、日语教学技巧和日语教学作风的独特结合和表现，是日语教学艺术个性化的稳定状态。我们常说某某老师的日语课幽默风趣、轻松愉快，某某老师的日语课视野开阔、内容丰富，某某老师的日语课声情并茂、发人深省，这些说的都是日语教学风格。

日语教学风格是日语教学艺术成熟的重要标志，也是教师教学上创造性劳动的结果。日语教师只有在教学中善于总结经验、勤于摸索教学规律、勇于创新实践，才会形成自己特有的日语教学风格。

日语教学风格具有独特性，每个日语教师的教学风格都是这个教师所独有的。日语教学风格是基于日语教学规律的，能够吸引学生的注意力，因此有助于提高学生日语学习的效果。

此外，日语教学风格具有相对稳定性，一名日语教师无论是上基础课还是上复习课，无论是上听力课还是上会话课或写作课，都会体现出自己的教学风格。当然，日语教学风格也不是一成不变的，随着教师日语教学经验的积累和教学思想的更新，优秀的日语教师会不断对自己的教学风格进行调整和完善。

日语教学风格的形成具有阶段性的特点。在模拟阶段，教师由于缺乏教学经验和独立教学的能力，往往通过模仿教学专家、优秀教师或者周围同事的教学设计和方法来开展教学。模拟教学一般带有其他人教学风格的影子，缺乏自己的个性。达到了熟练程度之后，教师会开始独立思考、独立创造，努力探索适合自己的日语教学风格，这是教学风格形式的创新探索阶段。虽然教师在这一阶段会慢慢积累一些自己的经验，一定程度上形成自己的教学风格，但是这种风格还不够稳定，特色还不够鲜明。进入教学风格形成的最后阶段，教师教学的特色逐渐稳定且越来越鲜明，面对不同的学生和不同的教学场所、教学内容都能够从容应对。

日语教学风格的形成需要日语教师作出不懈的努力。一方面必须热爱日语教育事业，全身心投入。只有热爱，才能够不断尝试，只有不断尝试，才有可能形成自己的风格。另一方面，日语教学风格是具有科学性的，教师必须掌握教育教学（特别是日语教学）规律，苦练日语教学基本功。任何风格都不是凭空存在的，必须要在日常的教学中得以体现。此外，教师还必须认清自己的特点，确立具有自身特点的教学风格。总之，日语教学风格的形成无法一蹴而就，也就不能简单地用教学时间来衡量。日语教师必须不断地学习、不断地尝试、不断地创新，才有可能形成自己的教学风格。

三、学生

（一）日语专业学生特点

受"多元文化交融"文化环境特征的影响，日语专业学生所呈现的特点也分外鲜明。

首先，日语专业学生容易接受新鲜事物，有着开放的思想。至少有三种语言学习会对日语专业学生思想产生影响，即专业日语、第二日语和汉语母语。由于日语专业学生接触多种文化、多国语言，他们往往有着更为开阔的思想。其需要借助影视作品、网络信息、经典著作等外文与中文媒介形式开展学习，从多种渠道接收信息，这也令他们有着更为活跃的思维、更为开放的思想，能够更快地接纳新鲜事物。不过，相对应的，日语专业学生对外来文化也更易接受，所以其思想容易受外来文化影响，在对问题进行认识时，很可能与主流价值取向相偏离。

其次，日语专业学生批判精神较强，擅长交流表达。在培养日语专业学生时，多采用小班授课形式，这对口语练习和课堂互动都十分有利。学生想要真正学好日语，就要积极主动参与课堂讨论，所以相较于传统文史类专业学生以及理工类专业学生，日语专业学生通常更擅长表达，也更乐于表达。在课堂上，日语专业学生和教师之间有着较多互动，他们也更为活跃、自信。除此之外，由于多元文化和价值观影响着日语专业学生，他们也渐渐形成了较强的质疑精神和批判精神。

最后，日语专业学生有着明显的自我中心意识和多样化的行为。无论是生活习惯还是言语表达，日语专业学生在多方面受他国文化的影响，因而其较为个性、时尚，加之受外来价值观、文化以及外教影响，他们通常有着突出的个性，敢于将自己的想法表达出来，常有着鲜明的自我中心倾向，对个人利益和自身价值分外强调。

（二）日语教师学生观的更新

1.把学生看成是有独立人格的人

在学生观中，最起码的要求是将学生视为有独立人格的人，尊重学生的独立人格，并将此作为对待学生的基本态度和教育的前提。在现代教育中，再没有什么能重要过"对学生人格给予尊重"。想要真正尊重学生人格，教师必须做到如下几点。

其一，对学生的主体作用和教师的主导作用进行充分发挥。日语教学过程中，有着教师与学生的共同活动。学生需要教师指导学习，而教师的教学也是为了学生学得更好。因此，日语教学过程属于双边活动，既有学生参与，也有教师参与。对于教师来说，在这一过程中，其身份为执行者、组织者和设计者；而对于学生来说，其需要亲自参与学习，无法让别人代替，所以具有主体地位。在教学过程中，唯有充分发挥学生的主体作用和教师的主导作用，实现二者良好结合，才能获得理想教学成效。

想要将学生的主体作用充分发挥出来，首先教师要创设良好的学习环境，将其提供给学生，对学生的学习积极性进行调动，对其求知欲望加以唤醒。唯有调动起学生的积极性，方能让学生更主动、自觉地学习，即便感到辛苦，也能收获快乐，最终获得良好的学习效果；其次，教师要对教学方法进行改进，实现日语课堂效益的提升；再次，教师要对学生进行指导，使其不断实现学习方法的改进，拥有初步自学能力，养成优良学习习惯，避免走弯路、走错路，切实提升学习成效，做到事半功倍。

其二，帮助学生排除学习心理障碍。教师要引导学生，使之将学习日语的信心树立起来。当学生刚开始学习日语时，心中容易"打鼓"，既觉得日语具有新鲜感、生动有趣，想要好好学习，又有着多重担心，害怕自己学不好、学不会，惹得老师批评、同学笑话，因而部分学生难以张开嘴大声朗读。针对这种情况，教师要对学生多多进行鼓励，就算他们犯了错，也要耐心纠正，帮助他们解决问题，而非责骂批评，从而渐渐让学生释放心理压力。除此之外，教师也要告诉学生，不要嘲笑读音不准的同学，而是应当积极帮助、共同进步。教师要让学生敢于读出声，使之在不断努力的过程中看到自己的进步与成功，收获同学的掌声、老师的称赞，真正树立信心，鼓起学习劲头。对于那些在学习上存在困难的学生，教师一定要耐心细致、千方百计地提供帮助。

其三，让学生减轻课业负担。日语教师要让学生摆脱繁重的课外作业，避免他们背负过重的作业压力，更不能为他们布置无法完成的任务。当学生竭尽全力也无法完成任务时，很可能对学习失去兴趣，甚至厌恶学习，将学习当作负担而非一种乐趣，这将使学习质量大打折扣。

2. 把学生看成是有巨大潜能的人

我们都知道，人有着无限的潜能，如果能够充分开发人的潜能，其取得的成绩将会震惊自己与他人。因此，教师要对学生的潜能进行充分开发，从而有力促进其外语学习。具体而言，教师可以通过如下几种方式对学生的潜能进行开发。

首先，对学生积极的上进心进行培养。有的教师片面地认为，只有成绩好的学生才具有上进心，实则不然。无论学生成绩如何，都有上进心，都对进步与成功充满渴望，都期盼得到同学的夸赞、老师的表扬。因此，教师应当对学生的积极因素进行充分利用，要能够捕捉到学生的发展变化，切实做到因势利导，对学生积极的上进心进行培养。当学生有着较高的抱负、较强的上进心时，自然能够更为自觉主动地投身学习之中，学习质量也能得到大幅提升。

其次，对学生的成就动力加以利用。当学生感受到自己学习的进步，看到一次次考试成绩的提高后，学习信心自然会得到增强。教学实践已然证明一个道理，那就是相较于训斥与批评，教师的鼓励和表扬更能对学生的学习积极性进行调动。所以，教师应当能够随时捕捉到学生的进步与变化，就算这一进步不算"显眼"，也应当为学生祝贺，对其加以鼓励，让学生尝到前进的甜蜜与喜悦。

再次，对学生多方面能力予以培养，如对问题进行发现、分析与解决的能力，自学能力，思维能力，等等。

最后，教师要同时注重培育学生的智力因素和非智力因素，实现二者的紧密结合，促进学生良好个性、心理品质与智力水平的协调发展。

3.把学生看成是有个别差异的人

所谓"个别差异"，指的是在知识、兴趣、品德、能力、性格、气质等方面，不同学生之间存在差异性。教师唯有认识到这点，将学生视为有个别差异的人，才能真正做到因材施教，针对不同学生运用不同举措，才能收获更好的教学成效，为学生全面发展的实现提供保障。假如教师未能重视学生的个别差异，甚至对此视而不见、不肯承认，就很可能在教学过程中简单"一刀切"，让所有学生追求各方面平均发展——实际上，这是根本无法实现的。对于日语教学而言，更是如此。

具体而言，将学生视为有个别差异的人，教师应当做到如下几点。

（1）对学生的个别差异进行充分了解、全面掌握。之所以教育教学对"因材施教"分外强调，就是基于对差异的承认与重视。教师要在教育教学过程中对学生进行区别对待，真正做到有的放矢。无论是针对人才发现和培养还是发展学生个性而言，对学生之间的个别差异予以了解与把握都是大有裨益的。

（2）不能对学生提出千篇一律的要求，要做到因人而异，让要求更具针对性。教师既然承认学生之间存在个别差异，就应当对不同学生的特点、不足和优势加以研究，对不同学生提出不同要求，从而让所有学生都既能"吃饱知识"，又能"吃好知识"，更能"消化知识"。如此，方能获得理想教学成效，实现教学质量的全面提升。

（3）在对待后进学生时，一定要坚持"两点论"。在对学生进行分析研究时，教师要遵循全面的观点，立足整体，对个别进行把握；立足个别，对整体进行看待，要同时看到支流与主流。特别是在对待后进学生时，教师更要以"两点论"为指导。后进生很可能具有如下共同特点：厌恶学习、纪律性不足、缺乏上进心、未能树立人生理想、自暴自弃。后进生有的不仅学习成绩落后，更沾染不良习气，严重的还存在违法乱纪行为。因为他们身上有着很多缺点，往往会遮盖住自身具有的优点与好的一面。因此，教师不仅要明了后进生的问题，还要发现他们身上的闪光点与积极因素，努力创造条件，唤醒其上进心，激发其前进的勇气，让后进生能够自觉自愿地转化向好的方面。

（4）在对待学生时，要以发展的观点为指导。教师要坚持以发展的观点对学生进行分析研究，不仅要看到学生的过去、现在，更要对学生的发展变化有所了解，绝不能片面地、主观地，用固定眼光对待学生。尤其是在对待后进生时，不能总认为他们不可救药、永远落后，不能总拿看"坏学生"的眼光看他们。教师要认识到，尽管后进生受到不良风气的影响，有着较落后的成绩，然而绝大多数都是能够在教师的引导、帮助和教育下向好的方向转变的。

当日语教师在心中将正确的学生观树立起来时，就能在课堂教学中从学生生活实际出发，对交际活动情境进行创造，实现学生学习兴趣的提升，使之对言语实践活动进行积极参与。除此之外，日语教学也要加大语言实践的比重，将充足的语言实践机会提供给学生，使之不断强化对日语运用的能力，最终实现日语教学质量的提升。

第三节 日语教学的基本原则

对于教学活动的有效、顺利进行而言，教学原则具有调节方面和指导方面的意义，能够为教师有效、积极开展教学活动提供依据。

普通教学原则涉及教学有序性原则、最优化原则等。所谓有序性原则，就是应当结合学生身心发展情况以及学科逻辑结构，有步骤、有次序地开展教学工作，从而让学生更系统、更全面、更牢固地对科学知识进行掌握，对其身心健康发展起到促进作用。所谓教学最优化原则，指的是在教学活动中，要综合调控那些可能制约教学效果的因素，开展最优教学，收获更好的教学成效。

日语教学原则是日语教学规律的反映，是在一定的教学原理指导下对学生掌握语言知识和语言技能基本途径的总说明。不同的外语教学法流派的理论依据不同，对外语教学规律的认识也不同，对反映教学规律的教学原则认识也不一致。

日语教学不仅要遵循教学一般原则，还要根据语言学、心理学、教育学、生理学、系统论等科学的最新研究成果，吸取各教学法流派的优点，制订适合我国学习者开展日语教学的基本原则。

21世纪教育的终极目标就是培养全面、和谐发展的人才。作为国民教育的一个组成部分，日语教学也肩负着这个使命。人的发展包括内因和外因两个因素。内因是指正常的健康的个体身心内部发展要素，主要有两个方面一是遗传素质，二是人的主观能动性。遗传素质是生物因素，是人发展的物质基础和前提条件。遗传素质的成熟程度，影响着人的身心发展过程和阶段。主观能动性属于心理范畴，人的主观能动性的性质、方向和水平都离不开教育的培养和塑造。

人发展的外因是指影响个体发展的一切外部客观条件，包括自然条件和社会条件，在外语教学中通常称之为语言教学环境。人发展的内部因素和外部因素是通过实践活动和教育活动实现和谐统一的。

人的发展是教育的宏观目标。外语教学的具体目标是掌握语言知识，培养语言技能，要想实现这一目标，必须通过教师的教学实践和学生的语言实践来完成。日语教学原则必须遵循教育方针，符合教学规律和语言学习规律，为完成语言教学的根本任务服务。在这个意义上，我们把日语教学原则体系归纳如下。

一、提高学生综合素质为目标的原则

人的素质是指人所具有的从事某种活动的生理、心理条件或身心发展水平，包括人的先天禀赋和被内化了的后天教育、影响等诸多因素。人的素质可分为个体（个人素质）的和群体的（民族素质等）。

就个体的人来说，其素质又有生理的（身体的）和心理的两方面。其中心理的既包括知觉、记忆、想象、思维、情绪、情感等与生俱来的心理特质，也包括被内化的属于文化范畴的政治的、思想的、道德的等社会性心理内容。

日语教学除了使学生掌握日语知识和技能外，还要使其通过对日语课内外的学习提高文化修养。它不但使学生受到思想教育、道德教育、人生观价值观的教育，同时还开启学生智力，培养能力，把日语教学与人的全面发展这一教育教养任务有机结合起来。

提高学生的综合素质，对教师有以下要求：

（1）在教学过程中要注重挖掘学生的智力潜能，开发学生的智力水平。外语学习的智力要素主要包括语言感知能力、观察力、记忆力、联想力、逻辑思维能力、创造力以及学生的自学能力。

（2）在教学活动中要注重对学生四项基本技能的培养，即外语学习的能力要素。它包括听解能力、会话能力、阅读能力、写作能力，有学者把翻译能力也纳入外语能力要素范畴。

二、创设多种语言学习环境的原则

学生与书本知识之间存在着客观距离，所以在学习和理解过程中，学生势必会面临种种障碍、困难，创设多种形式的语言环境和语言学习环境，对学生的成长有重要意义。

创设语境可以采取以下措施：

（1）模像直观。所谓模像直观，指的是对各种手段加以运用来模拟实物，包括电视、电影、录像、录音、幻灯、模型、图表、图片等。实物直观的特点为有效、真实，但是囿于实际条件，一般情况下难以对实物进行使用。而模像直观则能够对上述实物直观的不足进行有效弥补，尤其是现如今教育领域广泛应用现代技术，更加拓展了模像直观的范围。教师能够依托某种技术手段，实现现实或历史直观的效果。

（2）语言直观。所谓语言直观，就是教师对自己的语言进行运用，依托学生已有的知识经验加以比喻描述，唤醒学生的感性认识，从而收获直观效果。

语言直观能够尽可能地摆脱种种限制，如物质条件限制、空间限制、时间限制等，具有经济性、便利性。教师本人的修养和素质决定着语言直观的运用效果。

（3）完善教学条件设施。在科学技术高度发达的当下，日语教学外部环境已经达到一个相当高的水平，日语教学所需要的图书情报资料、影像设备、网络媒体资源要为创设语言学习环境提供了可能。

在日语教学中切实有效地创设好语言环境和语言学习环境，对于教师有以下基本要求：

（1）对直观手段进行恰当选择。针对不同的学生年龄特征，教师在教学任务、教学目标以及教学课程内容方面，有着不同的直观手段需求。

（2）直观并非目的，而是手段。通常来说，当学生对教学内容较为陌生的时候，或者难以理解、掌握教学内容的时候，教师才需要对直观手段进行运用。如果教师一味"为直观而直观"，很可能适得其反，造成教学效率下降。

（3）要基于"直观"，实现学生的认识提升。直观能够将感性经验带给学生，"让学生掌握理论知识"是教学的根本任务，所以教师在对直观进行运用时，要重视指导学生。例如，教师可以通过对学生进行提问以及为学生答疑解惑，鼓励其深入细致观察，启发其树立对轻重主次进行区分的思想，引导其对本质、现象及结果和原因进行思索。

（4）合理选择教学优质资源，应用最有利于学生理解、掌握教学内容的教学技术手段和教学方法，不走形式，不浪费宝贵的课堂教学时间。

三、激发学生的学习动机的原则

教学活动以"有领导的认识"为一大特点。如果缺乏教师主导作用，学生就难以独自掌握陌生语言技能及文化知识。

在能否完成教学任务以及能否取得良好教学成效方面，教师都承担主要责任，这是毋庸置疑的。但是，我们一定要认识到，对于教学活动而言，学生方为主体。教师的主导作用首先在于对学生学习兴趣和求知欲的激发，在于帮助其将积极的日语学习动机建立起来，使之能够主动学习、自觉学习。如果缺乏这一点，学生就无法真正提升态度感情并使之发展成熟，无法真正发展智力，更无法真正掌握语言技能与知识。

对于学生来说，学习动机是助推其开展学习活动的内在原因，是一种强大动力，能够对自身进行指引与激励。学习动机包含如下心理因素：习惯、爱好、学习兴趣、对学习必要性的认识与信念、学习的需要等。

在开展学习活动的过程中，学生不仅要有学习的需要，还要有学习目标，从而使这种需要得到满足。因为学习方向受学习目标的指引，我们也可以将学习目标称为"学习诱因"。在学习动机中，学习的需要与学习目标都是构成要素，且至关重要。

四、培养跨文化交际能力的原则

对学生交际能力的培育，是外语教学的主要目的。社交能力和语言能力是构成交际能力的主要部分。交际是通过言语和非言语行为来实现的，不了解对象国的文化就不可能真正具备跨文化交际能力，交际行为也受使用者的文化制约，同时也是其文化的载体。

在日语教学的过程中，对跨文化交际能力的培养应对那些干扰交际的文化因素予以重点研究，如价值观念、社会组织、社交准则、非语言手段、语言手段等。

语言涉及诸多方面，如翻译、逻辑思维、篇章结构、文化内涵等。非语言手段指的是对空间与时间的不同观念，还包括沉默、微笑、音调高低、服饰、身体语言、手势等。社交准则通常指代人们交往过程中必须遵循的某些风俗习惯与各种规则。社会组织指的是上下级关系、朋友关系、同事关系、家庭中各成员的关系等。价值观念涉及世界观、人生观、道德标准以及人与自然的关系等。

（一）跨文化交际的重要原则和标准

对于跨文化交际而言，恰当性与有效性是其重要标准与原则。学界普遍认可"有效"和"恰当"是对跨文化交际表现进行评判的两个标准。

在提出交际能力这一概念时，国外学者就曾表明，交际能力以"语言的适应性"为核心，在使用语言时，必然要与一定的语言环境相符合。

所谓跨文化交际的有效性，指的是在一段时间内，经过一定的努力，对既定目标予以实现，取得相应回报；所谓跨文化交际的恰当性，指的是交际双方在交际过程中认为彼此之间关系的期望以及重要的规范、准则未遭受严重侵犯。

实现跨文化的有效沟通就是跨文化交际的目的。跨文化的有效性重点涉及"健康人际关系的建立""新文化适应能力""任务完成"这三项结果。对于跨文化交际能力而言，有效、合理的沟通方式是其组成部分且十分重要。

跨文化交际能力基本相似于跨文化互动能力，指的是文化背景存在差异的交际者实施得体有效的非语言交际行为、语言交际行为以及对交际行为产生的交际后果、心理问题进行处理的能力。创新性、适应性、得体性、有效性是对跨文化互动能力进行衡量的主要标准。任务完成、人际互动、个人适应则是体现交际功效的三个主要方面。人们认为，那些能够对高功效交际效果进行促成的个人因素构成了跨文化交际能力。不得体的话语在跨文化交际中会对交际效果产生严重影响。在言语交际中，得体原则是总原则。我国部分语用界学者主张，语言的最高原则应当为得体性原则。我们必须对众多因素（如语境、交际风格、交际形式、交际内容）进行考虑，真正确保得体地进行交际。

（二）跨文化交际的特点

1.跨文化交际与普通交际

不同文化群体之间的交际行为便是跨文化交际。相较于普通交际，跨文化交际呈现出自身特点。

其一，在跨文化交际过程众中，交际者有着较少的共享成分。跨文化交际对不同文化间的通约性有所依赖，交际者不仅要掌握自己文化的规则，也要对对方文化的规则有一定了解并且遵循。

其二，在跨文化交际中，身份与认同是最基本的层面，在交际全过程渗透，对其方方面面进行覆盖。跨文化交际是两个全然不同的文化体系的交往，是不同社会组织之间的摩擦，是不同世界观的碰撞，是不同价值观、信仰之间的交流。身份与认同在跨文化交际中是十分复杂的，很多因素都对其产生影响，如交际者个人因素、文化的相似性与差异性、族群、语境、语言等。

除此之外，跨文化交际还有一点不同于普通交际行为，那就是具有重点分析环节。例如，如何对交际策略进行调整，对交际效果与目的意图不吻合的原因进行分析，对恰当的策略进行选择，估计交际人背景，等等。

2.非语言交际的特点和作用

非语言交际和语言交际共同构成跨文化交际。书面语言交际和口头语言交际构成语言交际。而不通过语言手段进行的交际，便是非语言交际。人们在对思想、感情进行交流的时候，不仅会利用语言，也会利用非语言符号。非语言行为包括沉默、会话距离、脸部表情、手势、体态等方面，还包括对接受者、输出者具有潜在信息价值的一切非语言因素，以及交际环境中由环境生成的、输出者人为造就的一切非语言因素。

一般来说，非语言信息包含如下两类，其一，人类身体制造的信息，如副语言、气味、触摸、目光接触、面部表情、动作和姿势等；其二，环境和个人共同生成的信息，如对空间和时间观念的使用、对沉默的使用等。非语言交际没有具备明确意义的符号，没有正式的结构、模式和规则，并且在交际过程中往往连续不断。对于人类而言，一部分非语言交际出自本能，一部分则来自后天习得。

在交际过程中，非语言行为有着至关重要的作用。相较于语言行为，非语言行为有着更高的传递意义以及沟通比率。研究表明，在整个交际过程中，非语言行为能够占据70%以上。

人们用如下五方面总结非语言交际作用。第一，非语言交际有助于语言信息的完善；第二，非语言行为能够对语言信息进行驳斥或否定；第三，非语言信息能够对语言信息进行重复；第四，非语言交际能够对交际（过程）加以调控；第五，语言交际能够被非语言交际替代。

具体到日语方面，非语言交际有着如下重点功能：表示亲近性、支援日语以及表达情绪或感情。而支援日语功能则涉及如下方面：矛盾、规范、辅助、取代与重复。

不同国家受文化差异影响有着不同的非语言行为，所以其没有通用性。在具有不同文化背景的人眼中，即便是同样的行为、同一个动作，都传达着不同的信息、表示着不同的信号。因为跨文化交际中的交际者往往具有不同的文化背景，所以其有着差异很大的非语言行为。在跨文化交际中，有很多因非语言行为导致的误解，非语言行为的差异也常常导致语言障碍的产生。

着眼于培养学生跨文化交际能力，能够起到如下重要作用。

（1）对不同文化的交际功能模式加以了解，有助于学生更好地认识、掌握来自不同文化背景的人们习惯使用的言行交际方式。

（2）对不同的文化行为及其功能加以了解，有助于学生更好地认识、了解来自不同文化背景的人们的通常行为，并将其联系于受自身文化影响的行为。

（3）对不同文化背景的人们的道德标准、世界观、价值观、人生观加以了解，有助于学生自身文化意识的增强，使其能更加理解有着不同道德标准、来自不同文化背景的人们。

（4）对不同文化背景的人们的非言语行为方式、言语行为方式以及日常生活模式加以了解，尤其是对人们日常生活中的常见行为进行了解，有助于学生更好地认识、熟悉具体情境的行为原则。

教师想要在教学过程中遵循"培养跨文化交际能力"的原则，就必须做到如下几点：

（1）对"培养跨文化能力"这一主要任务进行明确，即提升学生相应理解力，使他们明确文化会影响每个人的行为；培养学生对社会的理解力，让他们明白这种理解力会受到多种因素影响，如居住地、社会环境、性别、年龄等；强化学生对通常情况下日本文化中常规行为的意识；强化学生对日语中短语和词文化内涵的认识；培养学生用实例完善、评价日本文化的能力；培养学生对日本文化信息进行获取，并具备加工、整理所获信息的能力；激发学生求知欲，使他们积极主动地了解日本文化。

（2）对培养跨文化能力的基本方法进行总结归纳，如讨论法、图片及实物参照法、演示法、实际法、对比法等。

（3）对行为文化的导入予以注重，有机结合文化习得与语言习得，让学生通过学习能够行之有效地提升交际能力、语言能力等。

五、教师指导和学生自觉学习结合的原则

教学活动中，到底应该以教师为中心还是应该以学生为中心，一直是教育史上争论的焦点问题之一，如赫尔巴特所强调的"教师的权威"主张"教师主体"；杜威提出的"儿童中心论"主张"学生主体"。

就教育过程的本质和教师的作用来说，在整个教育教学过程中，教师应处于主导地位。原因如下：

第一，教师是教育方针、教育计划的贯彻执行者，教师主导着学生的发展方向和质量规格。

第二，教育本身是有目的有计划的育人过程，人的发展是在教育过程中靠教育者有组织有计划地系统实现的，任何教学大纲、教学计划和教科书都取代不了教师在培养人方面所起的作用。

第三，教师受过专门训练，具有扎实的专业知识和教学经验，懂得教育规律，掌握大量教学方法，因此，学生的学习只有在教师的指导下才能在短时间内取得最佳效果。

但是，我们应该看到，教育过程是师生的双边活动，必然离不开学生的积极主动参与。调动学生的积极性与主动性，不仅是教师主导作用的内涵之一，也是

衡量教师主导作用发挥程度的重要指标。因此，就教育过程的总体来说，在教与学这两个主体的关系上，教师处于主导地位。

学生是学习的主体，在教育过程中，学生是学习任务的主要承担者。相对于学习内容而言，学生是学习的主人，与学生主体相对应的是学习的客体，它不仅包括教师所施加的一切教育影响，也包括教师本身。因此，认识到学生的主体地位，可以提示教师在教的过程中想到学生的学，并自觉调动学生的学习积极性和主动性。在教育的过程中，学生具有主体和客体的双重属性。

承认学生的客体地位是教师发挥主导作用的前提，明确学生的主体地位是提高教育活动效果的关键与根本。在教学中要充分调动学生学习的自觉积极性，使学生能够主动学习，最终理解并掌握所学知识。

第四节　日语教学的评价

一、教学评价概述

（一）教学评价的定义

教学评价是教学活动中不可缺少的组成部分，一般情况下是指对相关事物价值高低的有效判断，主要包括对事物"量"以及"质"的描述和在此前提下进行的价值判断。

具体来说，教学评价首先是一种专业化的价值判断活动，主要是对客体符合主体需要程度情况的合理化判断。把评价用在教学过程中，则产生以及发展出了教育以及教学评价。

所谓的教育评价，即对教育活动可以满足社会需要以及个体需要的具体程度作出详细判断的活动，并对相应的教育活动存在的现实性价值或者是潜在性价值作出科学化判断，从而实现教育价值增值目的的过程。教育评价主要包含了学生评价、课程评价、教师评价、学校评价、教学评价、教育机构评价、教育内容评价、教育目的评价、教育教学管理制度评价、教育教学方法评价以及教育教学管理评价等。

（二）日语教学评价的重要意义

1. 日语教学评价可以满足日语课程标准的要求

对学生全面发展予以注重的素质教育是我国日语课程的指导原则，它对以人为本进行了强调，着眼于学生创新精神的培育和实践能力的培养。

在日语课程发展过程中，日语教学评价的作用与影响是非常重要的，从一定程度上来说，它对外语课程改革的效果、力度、方向起到决定作用。教育部提出，对于课程目标的实现而言，科学的评价体系是重要保障。因此，我们应当立足课程标准的要求与目标，依托日语教学评价，有效监控教学全过程。

对于各级教育及教学管理部门来说，教学评价也是一项经常性工作，但是，在很长一段时间内，我们都未能正确认识如下问题：何为评价？何为评价的功能？终结性评价与形成性评价存在怎样的差异？测试与评价有着何种关系？

日语教学受多方面因素影响，一直存在这样的问题，即认为语言学习的终极目标是考试，将多元的教学评价手段、策略、目的统统用考试代替，导致测试未能与评价相区分，也产生很多不利影响。

日语课程标准提出了新的评价要求和理念，认为日语教学评价体系应当对评价形式的多样化与评价主体的多元化进行体现，应当对学生学习效果以及综合语言运用能力的发展过程予以关注，采用终结性评价与形成性评价相结合的方式，不仅要注重结果，更要重视过程，从而使学习结果的评价与学习过程的评价实现统一和谐。对于日语教学评价来说，这无疑是新的要求与挑战。

因此，我们要对日语课程标准的精神实质进行认真领会与学习，实现评价观念的转变，对评价原则进行明确，对评价方法予以掌握，从日语课程标准出发，对教学评价进行全面而科学的实施。通过日语教学评价，助力学生在日语学习过程中感受到进步的喜悦、收获成功的快乐，对自我有更全面的认识，将自信心建立起来，全面发展学生综合语言运用能力；同时，也促使教师对日语教学反馈信息进行获取，深入反思以及有针对性地调整自身教学行为，实现教学水平的不断提升；除此之外，学校也能及时掌握课程标准执行情况，及时对教学管理进行改进，不断完善、发展日语课程。

当前，新的日语教学评价标准对"以学生为本"的教育评价理念进行倡导，认为日语学习与评价的主体是学生，这对学生的长远发展而言是大有裨益的。

在评价模式、评价理念的改革中，能够反映出学生的主体性。评价的改革旨在为新教育理念的传播、实施提供助推动力，无论从设计还是操作来看，评价都要能够促进课改进行，能够促进学生自主多元化、个性化发展。因而，我们应当重点考查学生综合素质，对评价指标多元化予以强调，为学生全面发展注入动力。评价要能够对学生的自信心、自尊心提供保护，充分体现对学生的爱护与尊重，激发学生积极主动的态度。要对成绩记录方式、评价方法进行研究，思考其如何对以学生为主体的教育观念进行体现。要对学生加以鼓励，使之能够对自己的学习情况积极评价、主动反思。想要将以学生为本的评价模式确立起来，首先要对学生在评价中的发展需要、感受和体验进行研究，让学生通过评价，把握自己的发展状态，感受到进步的喜悦与成功的快乐，激发出更大的进步动力。要让学生不再抗拒评价、抵触评价，使之发自内心地接纳评价、喜欢评价，这便是评价中的"激励性原则"，其评价过程中起到重要作用。要在日常的教育教学活动中贯彻评价工作，将评价所具有的教育功能切实发挥出来。

此次课程改革需要将新的评价体系建立起来，"强调形成性评价为主的原则"是其重要标志之一，应当综合评价学生日常对各种教学活动进行参与时表现的交流能力、语言能力、学习态度和兴趣。

在评价学生时，日语教学新标准主张重能力、重发展、重激励。评价手段由于受到传统教育思想影响，局限于单一的客观化笔试，而测试的功能更多地在淘汰、选拔方面有所体现。由于不恰当地使用考试成绩，出现了很多与素质教育不相符的做法，如张榜公布、分数排队等，导致学生承担着沉重的考试负面压力，也导致学校出现不规范的教学行为。

在高校日语教育过程中，日语学科教育评价这一环节是非常重要的。在改进教学时，全面而科学的评价能够为之提供可靠的质量监控、反馈信息，并发挥正确导向作用；而在学生全面发展过程中，全面而科学的评价也能起到强化、激励和诊断作用。

所以，要对评价的淘汰、选拔功能进行削弱，而对其所具有的诊断功能、发展功能进行强化；要对评价的压力作用、外在诱因进行削弱，对评价的内在激励作用进行强化；要探索有助于学生健康成长的激励评价机制，并尽最大努力将之建立起来；要对评价的综合性、整体性予以突出，对评价中存在的仅仅检测单一技能、知识的做法加以改革。有学者表明，"以人为本、以学生发展为本"的思想，是日语课程教学目标的基本遵循，要对学生终身学习能力的形成、人文素养的培育以及综合素质的提升予以强调。

2. 日语教学评价在日语课程教学发展中占据重要地位

从专业化视角来看，日语课程评价属于多部分组成的有机整体，包括日语课程实施评价、资源评价、计划评价等。而对于日语课程实施评价来说，其重要组成部分便是日语教学评价。日语教学评价主要评价师生在日语课程实施中的条件、过程与结果。日语课程发展分为日语课程设计、实施以及评价，不过，我们要认识到，日语课程发展的当代观念极大区别于传统观念。

在传统观念中，日语课程的设计颁布、日语教学大纲的制订等日语课程设计环节位于前列，之后才是日语课程实施，即教师依照日语教材、围绕日语教学大纲开展教学以及与之相关的各种活动，最后是日语教学评价。所以，在很多日语教师看来，日语课程设计、实施和评价存在首尾相接的关系。

当代日语课程发展有如下观念：日语课程评价影响日语课程设计，而日语课程评价亦进行于日语课程实施过程中，日语课程告一段落之后，仍然要开展日语评价。日语课程设计和日语评价之间的关系是彼此关联、彼此影响的。在日语课程评价、实施与设计之间，存在彼此影响与练习的过程。日语课程发展应当是上述三者彼此互动的结果。因此，当前所倡导的日语课程发展，是由这三者构成的彼此制约、支持、影响、依存的循环互动、系统运作流程。在整个日语课程发展中，人们也愈发深刻地认识并重视日语教学评价起到的关键作用。

在日语课程教学发展中，日语教师教学质量水平的提升是日语教学评价的重要体现之一。在过去，我们提及"人本性"原则，通常仅仅是对学生给予关注，未能同样关注教师。实际上，我们应当对教师予以关注，唯有真正实现教师的发展，才能切实提升教学质量。

有学者指出，在教师发展过程中，评价的改革能开辟出一条新的道路。具体而言，其一，要针对忽视形成性评价，只对终结性评价予以重视的问题加以改变，通过评价过程的加入为教师发展、教学方法改革注入动力；其二，对只重视单项评价的问题加以改善，对教师综合素质的提升予以重视；其三，对应试背景下的竞争机制予以改变，将和谐的人际关系建立起来，实现课程文化之共建。

二、日语教学评价的内容和标准

（一）日语教学评价的内容

教学评价的内容不外乎是对教学计划、课程目标、教学内容、教学设计、教学过程、教学结果的评价。具体到日语教学评价中，主要可以从以下几个方面的内容来具体实施。

1. 课程目标

相关课程标准都对日语的课程性质、课程目标作了明确的规定。对于人类而言，"语言"是其生存、交往的重要工具，也是其思维、表达的重要符号。在人类文化中，"语言"不仅是组成部分，更事关重要。

日语课程有着如下特征：实践性与综合性相结合、工具性与人文性相统一，同时应当从"立德树人"角度出发，对日语学习存在的三方面关系进行整合（价值观与情感态度、方法与过程、技能与知识），通过以建构与探究、交流与表达、梳理与理解为主要路径的日语实践活动，让学生均衡发展自身学习能力、思维品质、文化意识与语言能力。

日语课程对多元化评价予以提倡，强调采用综合型评价方式（即终结性评价与形成性评价相结合），对学生存在的个体差异予以重视，全面衡量学生的日语学业质量水平。通过科学、客观的课程评价，为日语学科健康、有序地发展提供咨询和导向帮助，从而更好地与其他学科一起共同形成培养社会所需要的人才和后备力量的合力。

2. 教学内容

对于日语教学的内容，不同时期和不同阶段的课程标准有不同的表述。《普通高中日语课程标准（2017年版）》将日语课程内容提炼出主题、语篇、文化理解、学习策略、语言技能、语言知识六个要素，通过对这些要素在教材和课堂的具体呈现，希望使学生经历体验、发现、整合、内化、升华的学习过程，继而实现日语核心素养的全面发展，即学习能力、思维品质、文化素养、语言能力的发展。

日语教学以往更注重强调的是语言知识和语言技能，当然，即使是现在也不能忽视"双基"教学。

语言知识涉及语法、词汇与语音，教师应当从任务、语篇、情境出发，在教学过程中主动对学生进行引导，使之能够在语篇中对语言知识进行理解与运用，对其意义加以表达。语言技能涉及四方面内容——听、说、读、写，在语言学习过程中这几种技能相辅相成、互相促进。在培养语言技能方面，既要关注信息的理解（听、读）和表达（说、写），同时也要关注各项技能的综合运用，在教学中应该根据学生的生活经验和认知水平，呈现接近真实社会交际活动的情境，培养学生分析问题和解决问题的综合语言运用能力。

日语教学应该开展以主题为引领、情境为依托、语篇为载体的教学活动，结合主题，关注语篇中所承载的文化内涵和价值取向，提高学生对文化的感知、比较和鉴赏能力，加深对不同文化的理解，培养学生对多元文化尊重和包容的品质。在教学中，教师应该有意识地指导学生学会规划学习、实时调控并反思学习效果，引导学生有效利用学习资源、调节情感态度，帮助学生在日语实践活动中发现并形成适合自己的学习策略。

3. 教学设计

对课堂的教学设计评价主要体现在以下方面：教学目标设定是否明确、具体，是否符合课程标准和要求并且切合学生实际；各知识点的学习目标层次布局是否合理，重点、难点是否符合学生的当前水平，解决措施是否有力可行；教学媒体的选择和组合应用如何，是否有利于表现各知识点的教学内容，是否有助于教学活动的顺利有效进行；教学策略和教学模式是否符合日语学科的特点，是否切合学生的水平和实际需求；课堂形成性评价是否覆盖了该课堂各知识点的所有学习目标层次，数量是否适中，是否有利于检测。当然，根据日语学科特点，教师还需要注意引导学生接触对象国的文化，重新认识母国文化，通过了解、比较和思考，为学生实现跨文化理解和交流打下基础。

4. 日语教学过程

日语教学过程主要体现在日语课堂上，包括教师的教学指导过程和学生的学习过程，这一标准主要评价日语课堂活动是否有效地围绕具体的教学目标展开，课堂任务的完成是否较好地达成了教学计划。具体又可以从教学活动的组织和参与、学习资源的提供和利用、教学过程的指导和学习几个方面进行评价。

例如，教师的教学活动设计得如何；创设的情境是否与主题内容密切相关；能否充分挖掘特定主题所承载的教育价值；设计的问题和任务与主题的相关度如何等。

再如，是否提供了有效的学习资源；能否通过探讨语篇结构以及语言的表达特点来帮助学生逐渐形成语篇意识，把握不同语篇的结构和特点，从而提高学生理解信息、表达观点和态度的能力等。

还有，教学活动的实施和指导是否兼具普遍性和针对性；能否有效地激发学生参与课堂活动的积极性；是否有助于学生提高语言的理解和表达能力；课堂活动和任务的完成是否有助于学生拓宽视野、培养学生多元文化视角、增强学生的思维能力等。当然还有学生的课堂学习目标设定是否明确；学习任务是否清晰；学习态度是否主动、积极；是否积极参与老师设定的教学活动；能否较好地与同学共同完成课堂任务；是否有效地利用学习资源，提升自己的语言理解和表达能力；学习策略运用如何，是否达到教学计划所设定的学习效果等。

5. 日语教学结果评价

日语教学结果评价主要指检测通过日语课堂教学是否达到预期的教学效果以及学生的学习效果如何。无论是教学效果还是学习效果，既有显性的，即具体语音、词汇、语法的理解和掌握，某一特定主题或范围内容的听、说、读、写各技能的提升；也有隐性的，即教学效果和学习效果可能是潜移默化和循序渐进的，需要通过一定时期和量的积累才能有所体现和发展。

此外，日语教学评价还应该包括对学校、课堂是否具备基本的硬件设备，以及当地教育管理部门和学校对日语学科的支持力度和重视程度等方面的评价。

（二）日语教学评价的标准

教学评价标准的制订主要还是围绕教师的教和学生的学两个方面，即教师讲授水平与质量和学生学习的效果，包括参与互动的量与效果。

教师评价的标准可以从教师职业素养、教学过程和教学绩效三个方面来衡量。教学绩效的体现其实就是学生学习的效果。

1. 教师职业素养标准

在相关标准中，明确了作为教师的"专业理念与师德""专业知识""专业能力"三个维度，其中"专业理念与师德"又具化为"职业理解与认识""对学生的态度与行为""教育教学的态度与行为""个人修养与行为"等四个领域。由此，人们提炼出教师文化的信念、态度和行为等三个有机构成要素。信念虽然看不见摸不着，但却是最深层次的，对教师的态度和行为起决定作用的因素。教师信念是否确立，体现为能否在信念引领下体现出积极的工作态度并外化为相对应的行为方式。

所谓教育信念，指的是人们确认并信奉的基本教育主张、教育理论和教育事业。所谓教师的教育信念，就是在教学实践过程中，教师形成的对教育规范、原则、价值、意义以及基本理论的坚定不移的认识，其往往伴随着教师投身于教育事业坚定不移的意志、真挚的情感与强烈的意愿。

此外，教师的专业素质、个人修养对教学活动有着极为重要的影响，教师专业素质的高低决定着教学质量的好坏。这就要求日语教师具备良好的日语学科专业知识和教育学、教育心理学等方面的知识，以及具有日语听、说、读、写、译等方面较强的专业技能，能从心理学、社会学、教学法等不同角度充分了解学生并采用一定的教学技能与技巧实施教学活动。

日语教师还应该能引导学生通过学习语言并广泛接触对象国的文化和社会，培养学生广博的中国情怀和广阔的国际视野，帮助学生增强民族自信心，加深对多元文化的感知、认识和理解。通过日语课程学习发现日本文化及其他国家文化的元素和特点，对比不同文化的异同，加深对中华文化的理解和认同，也学会尊重和包容人类文化多样性。

2.教师教学过程评价

教学过程评价主要是对教师在教学过程中的教学行为进行评价。教学过程包括备课、上课、作业、辅导、课外活动和评价六项，具体有以下几个方面的标准可供衡量。

（1）教学目标

教师要能针对日语学科特点和学生实际情况，确定具体适度的要求；要更多地关注学生，注意面向全体又兼顾学生差异；教学目标要符合课程理念，教学重心定位于学生的发展，要符合本班学生的实际，力求达到目标明确、适度、具体、可操作；关注学生个体差异，因材施教，与学生的心理特征和认知水平相适应，使不同学段的学生在日语语言能力、文化意识、思维品质、学习能力等学科核心素养方面得到相应的发展。

（2）教学内容

首先，教师应认真学习当前的课程标准，应该认真深入地钻研所选用学科教材的编写意图和内在联系，并正确把握重点、难点，使教授内容与学科课程标准、教材编写意图尽量吻合并科学。教师绝不能照本宣科，不应该拘泥于教材本身而应该灵活运用教材，注意教材内容的整合。教材一经出版、选用，在使用周期内无法及时作出更多的修订或补充。客观上就要求教师有意识地注重教学内容与时代、生活的有机结合，对教材进行合理又具有创造性的改造。

教师应该在理解教材内在联系的基础上，以新的视角处理教材，结合时代发展和社会现实，为学生提供有趣、有意义的和富有挑战性的学习内容，并采用灵活且贴近学生实际的教法，设计出有内涵、有创意、有新意的教案，呈现出有助于学生自主、合作、探究学习的学习内容。

（3）教学方法

教师要尽量为每个学生提供平等的学习机会，帮助学生在自主探索、动手实践和合作交流中获得发展。在教学过程中对学生的学习活动应该进行有针对性的指导，及时采用鼓励、肯定等多样的评价方式。教师的言行应该有助于学生在自主探索、动手实践和合作交流中获得发展。教师应创设有利于学生身心健康的学习环境，善于激趣引疑，启迪创新思维。学习环境的创设有利于学生身心健康，教学的内容、进度的合理安排，有利于教学目标的达成。教学手段选择恰当，能根据学习方式创设恰当的问题。教师的语言应准确，有激励性和启发性。

（4）教风教态

教师应尊重学生，教风民主，做到及时反馈调控，应变力强。教师要尊重学生人格，为学生提供机会，引导求异，关注"差"生；鼓励学生提问和质疑，具有教学智慧；能够根据反馈信息对教学过程、难度进行适当调整；能够合理处理临时出现的各种情况；情绪饱满、热情，教态自然亲切，演示规范，教具运用熟练；语言规范，注重言传身教，教书育人；恰当运用现代教学技术，演示规范，运用熟练。

3. 教师教学绩效评价

教学绩效评价主要是指对教师教学工作成果的评价，学生学习效果可以视为教学绩效的体现。教学绩效评价指标通常包括学生学习习惯与方法、学生学业成绩、学生能力发展等方面。也可以具体从以下几个方面的标准来进行衡量。

（1）参与状态

学生对课堂设置的问题情境是否关注、关注程度如何；对课堂教学、课堂活动等是否主动投入、积极性高、兴趣浓厚；学生之间是否能认真开展阅读、讨论活动，对活动或事物是否能认真思考、观察、记录；学具等是否能正确使用、规范操作。

（2）参与广度

这个方面包括参与学习活动人数比例如何，自主活动时间是否充足，活动方式是否有效，各类学生是否都各有收获；学生是否能够很好地倾听、协作、体验、探究、分享，能否提出有意义的问题或发表个人见解；学生能否认真倾听老师或同伴的发言，相互间团结协作，探究问题，分享成功的喜悦。

三、基于不同教学模式下的教学评价

（一）混合式教学模式下的日语教学评价研究

依托于信息技术，混合式教学模式得以形成。我们都知道，传统教学具有一大弊端，那便是"时空限制"，而混合式教学模式对这一弊端进行了改变，其教学安排是灵活多变的，能够取得更高的教学效率，收获更好的教学成效。以混合式教学模式为基础建构日语教学评价体系时，不仅要与该模式特征相符，也要能全面且充分地评价该模式运行情况，唯有如此，才能在日语教学中实现混合式教学模式的价值最大化。如前所述，当前，我国绝大多数高校都有日语专业，因而对日语教学评价体系研究的应用空间甚广，能够有力支撑日语教学更好的开展。

1. 评价体系特点

（1）充分反馈教学过程

"对教学成果进行反映"是教学评价的主要作用，而后续教学策略的调整、革新也以此为基础。我们应当将教学过程视为"重点评价对象"，其原因在于，从建构主义理论出发，唯有对教学过程进行充分、详细了解，才能对学生具体学习细节加以掌握，如学生采用何种学习方式、具有何种学习理念、持何种学习态度等。

对于教师而言，在对教学策略进行调整、革新时，这些内容是比"最终学习成绩"更有效的依据。例如，虽然部分学生有着不错的学习成绩，但是他们在上课时常常有各种小动作，假如教师只注重最终学习成绩而对这些问题视而不见，不去进行干预，那么学生很可能养成根深蒂固、难以改变的不良习惯。

具体就日语教学而言，因为日语并非本土语言，而是外来语言，其背后的文化内涵以及发音等方面，都与本土语言有着本质区分，所以，假如学生想对日语进行熟练掌握和运用，单纯依靠背诵单词或者拼词成句是难以实现的，必须细致揣摩并体察日语文化内涵。当日语教学评价体系能够对教学过程进行充分反馈时，我们就能充分了解学生学习方式与教师教学方式有没有真正对日语文化内涵加以注重，以此为基础对师生提供帮助，使其能有效调整后续教与学的方式。

（2）评价主体与评价方式多元化

很长一段时间，我国教学评价中都存在着这样的问题——评价方式与评价主体单一化。例如，评价主体只有教师，而不包含学生，学生并未真正参与评价过程，而仅仅对评价被动接受；再如，在对学生的优劣进行判断时，考试成绩被当作唯一指标，终结性评价方式居于主导地位。长此以往，教学评价的科学性必然受到很大影响，无法实现自身作用的充分发挥。

以混合式教学模式为基础的日语教学评价体系如果想真正实现自身价值，就要改变上述问题，着重达成如下构建目标——评价方式与评价主体多元化。

第一，评价主体应当包括学生，学生除了要完成相互评价、自我评价之外，还需要评价教师。对于学生而言，相互评价、自我评价有助于其自我反省与相互了解，对自身思想理念的革新、错误的纠正、优势的发扬是大有裨益的；而对于教师而言，学生给出的评价则有助于其发现问题（这些问题往往难以通过常规评价觉察到），便于其在后续教学过程有针对性地完成调整。

第二，将诊断性评价、形成性评价纳入评价方式之中，形成和终结性评价彼此映衬的教学评价体系。通过这种教学评价体系，教师能够对学生有更全面、更具体的了解，有效发掘学生的优势，而非"以成绩论人"。

（3）获得全面客观的评价结果

通过混合式教学模式，学生既进一步实现了学习空间方面的拓展，也可以利用互联网平台对丰富的、充足的学习资源进行获取。不过，教师也应当认识到，线上教学不仅有其优势，也存在一定弊端，当学生对线上"福利"进行享受时，也很容易受到那些纷繁复杂信息的冲击。对于学生而言，其身心健康都容易受到不良信息的影响。

因此，以混合式教学模式为基础的日语评价体系，应当有能力对线上教学进行掌控，能够全面、客观地对学生的线上学习过程进行评价，帮助教师实施针对性应对措施。若想实现上述目标，我们就不能再采用常规的线下评价手段，必须从线上特征出发，将与线上教学相适应的评价手段开发出来，才能真正实现其价值。例如，我们可以借助 SPOC 与 MOOC 教学数据统计平台，以线上数据为基础评价学生各方面表现，还可以从学生需求出发，将能够唤起学生积极性、引发学生兴趣的教学内容提供给他们，更好地培养学生，提升教学成效。

2. 体系构建原则

（1）目标一致原则

线上教学结合线下教学，便是混合式教学。所以，我们在对教学评价体系进行构建时，应当从具体特征出发，对与之相适应的评价手段、评价理念进行采用，不可随随便便"一以概之"。例如，在线下教学过程中，教师能够面对面接触学生，从而捕捉到学生说的每一句话、做的每一件事，甚至看到学生细微的表情；然而，在线上教学过程中，教师面对的是冰冷的屏幕，只能通过虚拟数据对学生的过程表现进行了解。不过，尽管两种情况的评价方式有所区分，却都以"对学生学习效果进行优化，实现教学质量提升"为共同评价目标。具体而言，坚持目标方向一致原则，旨在避免线下教学评价方式和线上教学评价方式发生冲突与矛盾，切实发挥二者凝聚力。

（2）突出重点原则

在构建日语教学评价体系的过程中，选取评价指标时，要对重点进行突出。这是因为，教学评价体系不可能囊括所有要素，加之人并非有着无限精力，所以，坚持突出重点原则，能够保证学生真正实现发展。日语属于外来语言，学生很难通过学习完全拥有日本本土民众的语言运用水平。因此，教师可以进一步细化日语学习目标，将其分为多种类型，有针对性地进行教学，如灵活转换、专业应用、简单交流等。

（3）可测性原则

想要切实发挥教学评价体系的作用，就必须先测定各项指标，这既是前提，也是基础。然而，在日语教学中，我们无法直接测定学生的书写能力和表达能力，必须先对其加以转化，使之变得可被测定，继而从测定结果出发，评价相对应的能力。坚持可测性原则，实则是对日语评价体系的转化工作提出要求，假如转化环节出现问题，那么最终测定结果就无法对学生的能力素质水平进行真实反映。例如，听众接受程度、即时场景应变、口语表达速度等都是日语表达能力评价中的重要指标，唯有学生在这些方面均可达标，才代表其有较高水平的日语表达能力。

（二）翻转课堂教学模式下的日语教学评价研究

1. 理论基础

（1）这是以心理构建为基础的第四代教育评价理论。库巴与林肯——美国教育评价专家——在20世纪80年对前三代教育评价中的缺点与问题（如对价值多元性予以忽略等）加以批判，深入探讨了评价的本质，提出了以心理构建为基础的第四代教育评价理论。第四代教育评价理论不再将学生仅仅视为评价对象，而认为其应当参与其中，将其看作评价主体，对"价值多元化""全面参与""共同建构"观点予以提倡，采用"建构主义方法""应答性模式"，对评价过程中的"协商"和"回应"予以注重与强调。上述种种，都是构建日语翻转课堂教学评价体系的重要理论基础。

（2）它还是以"掌握学习"教学理念为基础的布卢姆评价理论。布卢姆（美国当代教育家）对教育目标分类系统进行创建，对"掌握学习"理论予以提出。其有着如下基本理念：如果能够确保适当的教学内容和足够的教学时间，绝大部分学生都能掌握应掌握的学习内容，完成学习目标。因此，布卢姆对以筛选为目标的教育评价观明确予以反对，主张"改进教学"才是教育评价的主旨，应当以学生学习能力的发展为目标。[①] 依照布卢姆"掌握学习教学模式"，我们可以用"教学准备""教学过程""教学结果"对教学结构进行划分，针对这三部分应当分别展开教学评价。布卢姆分别用诊断性评价、形成性评价与终结性评价称呼对教学

---

① 王会娟.布卢姆掌握学习理论研究[D].哈尔滨：哈尔滨师范大学，2011.

准备的评价、对教学过程的评价以及对教学结果的评价。

构建以翻转课堂教学模式为基础的评价体系时，应当将其贯穿于学习活动全过程，包括多个环节，如设计课程、准备教学项目、评估教学效果等。

2.评价体系的构建

在引导、督促教师采用有效教学手段以及教学质量提升过程中，"教学评价"是重要保障。基于上述理论指导，在设计教学评价的过程中，应当对多元化、多层次予以强调，将评价重点放在培养学生能力上。在线课程平台能够对日语翻转课堂教学实施起到辅助作用，对学生参与更为重视，也关注学生是否能够通过学习活动实现自我发展。所以，在构建评价体系时，应当着眼于三方面：课前设计、课中活动、课后反思，实现详细的结果评价与过程评价。

（1）过程评价

在日语教学过程中，教师往往依托课堂演练以及大量真实素材，帮助学生习得相关专业词汇及其应用表达。在对翻转课堂教学模式进行引入后，应当重点从三个环节（课前、课中、课后）对学生学习目标达成情况、学习互动性以及学习参与度进行评价。

①课前认知过程评价

"以学定教""学为中心"是翻转课堂的核心教学理念。对于翻转课堂而言，"教师做好课前准备，对学生进行引导，使之能够行之有效地完成课前学习"，能够保障其成功实施。因此，教师必须对课前准备阶段的管理、考核予以重视与强化。

课前设计的进行应当以学期教学目标为中心，教师要通过提供学习辅助资料、微课视频、学习指南等，助力学生自主学习。而学生借助课前学习的引导，对知识点进行初步理解和把握，对学习资料加以收集，最终完成学习任务，这也能够实现其分析问题能力与自主学习能力的极大提升。

很多教师在教学过程中，都会对一些学习平台进行使用，在此，便以对学习平台的使用为例。通过建课，能够完成任务统计、答疑讨论、作业发布、资源上传等教学环节，通过真实素材，学生能够对所学知识点有初步认识，对实际运用中的重难点有更深的体会与理解。通过该平台，教师能够对学生课前学习数据进行收集，对学生的学习进度予以了解，并以此为基础展开课前准备阶段的动态教学评价。在评价过程中，我们需要务必重视模块化教学中学生的学习效果与参与度。因此，我们将"课前学习成效"和"课前学习参与度"定为课前准备阶段的评价指标。

所谓课前学习参与度，指的是教师依托在线平台，对学生完成课前自主学习内容的数据加以收集，了解学生是否深入思考了知识点，并对其逐一评分。具体到日语翻转课堂中，"情境的体会与思考""表达的掌握与活用""词汇的理解与运用"等模块都属于课前学习任务，而不同模块中又有各自的文字资料、视频资料、音频资料。通过平台统计数据，教师能够掌握学生的学习任务完成效果以及课前学习参与情况，综合"思考与问题完成效果""任务学习时长""课前内容完成程度"三个指标对学生进行评定。

②课中运用过程评价

课中阶段，教师应当以"融会贯通课前阶段认知的知识点，实现学生专业知识运用能力提升"为教学重点。教师要通过情境演练、课堂小组发表、组织作业汇报与讨论等环节，让学生对课堂教学活动积极参与，保证其成为"教"与"学"的主体。通过作业汇报，教师能够对学生掌握知识点的程度进行充分了解，明了学生具备的优势和存在的问题，从而更有针对性地进行培养，实现学生综合能力的提升。同时，教师也要组织学生开展有效讨论，鼓励、引导其彼此质疑、彼此评价，实现其独立解决问题能力和思辨能力的提升，让其更好地内化吸收知识。

教师应当集中解答学生在课前自主学习时存在的困惑与问题，并拓展学生的知识面。通过情景演练、课堂小组发表环节，能够对学生学习积极性进行充分调动，让学生在模拟情境中尽可能地应用所学日语知识，化"死知识"为"活知识"。同时，这也有助于提升学生表达能力、组织策划能力和团队写作能力，有利于学生将所学知识融会贯通。所以，应当对"课堂学习成效""讨论与演练""课堂主动参与度"三个指标进行具体设定。

在对学生课堂主动参与度得分进行考量时，应当综合三个角度进行，分别为"情境演练参与情况""互动与交流情况"以及"提问发言情况"。其中，"互动与交流情况""提问发言情况"主要由教师评价学生表达情况、问题理解情况以及上课专注情况，并给出相应分数；"情境演练参与情况"则由各学习小组内部对每名学生组内表现情况进行评分。

相较于传统课堂的教学活动设计，"讨论与演练"是翻转课堂的一大创新之处。教师让学生在课前结成小组，对学习任务共同进行策划，一起完成实战演练。在这一环节，应当对"组内策划与演练情况""组内合作情况""组内讨论情况"评价指标进行设置，对学习小组成员知识运用的实际效果进行考量。

课堂学习成效对翻转课堂教学模式下的学习效果进行反映，通过如下三个指标综合评定："情景演练作品质量""小组发表质量""学习任务完成率"。

③课后知识升华过程评价

在课前，学生们认识知识并对其加以理解；在课中，教师通过多种教学手段，帮助学生吸收知识、运用知识；而在课后，更多的是教师反思教学过程。例如，教师应当反思是否妥善把握了教学内容难易程度，是否合理设置了教学目标；学生也应当进行反思，思考运用课中知识时自己存在的问题点，思考是否充分掌握了课前知识，从而有针对性地巩固学习重点，深入地思考、及时地修正所学内容的难点与问题点，实现所学知识的内化与升华。在此过程中，教师和学生可以实现教学相长、共同进步。

除此之外，在课后阶段，教师还可以将形式灵活的作业安排给学生，如拓展阅读等，通过做作业和复习，学生可以进一步巩固知识点，实现学习效果的强化。而教师则基于作业完成质量，以"课后学习成效"和"课后复习情况"为指标，对学生进行评价。课后学习成效着重评价的是学生课后作业质量，而课后复习情况则着重评价学生学习行为，如独立完成作业情况、复习情况等。

（2）结果评价

所谓结果评价，就是学生学习完课程内容后，教师对各章知识点进行整合，依托考核形式，综合评价教学效果。我们主要通过两项指标，对日语翻转课堂的期末考核进行考量——笔试和应用能力。

笔试考核注重于实现学生思维能力的提升，所以，日语期末笔试题中应当加大相应内容比重，对学生分析运用能力进行重点考核，通过日语阅读分析、场景理解等，对学生分析能力、思辨能力加以考核。一般来说，通过卷面成绩对笔试进行评定。

通常我们会在笔试前对学生进行应用能力考核，主要对学生团队协作能力以及运用知识、解决问题的能力进行考察。在考核过程中，往往以小组为单位，在具体工作情境中对某一难题进行设置，要求学生临场策划、解决问题，教师要对小组进行观察，了解其整个项目完成的过程和成果汇报效果。我们应当通过如下两个指标对应用能力考核进行评定，分别为"期末成果汇报"和"项目完成程度"。

第二章　日语教学的相关理论及其应用

本书第二章为日语教学的相关理论及其应用，主要介绍了三个方面的内容，依次是教学方法理论研究及应用、语言学理论研究及应用、情景式教学理论研究及应用。

第一节　教学方法理论研究及应用

一、日语教学方法的科学内涵

（一）日语教学方法的概念

日语教学方法这一概念包括以下要素：日语、日语教学、日语教学方法。日语是指日本民族使用的语言以及与语言交际息息相关的社会文化知识。日语教学是关于日语语言知识与技能的教与学的活动，具体指教师指导学生学习日语语言文化知识，掌握日语听、说、读、写等能力以及汉日语言互译能力、跨文化交际能力，同时帮助学生实现一定程度的身心发展，培养一定的思想品德的活动。学校的日语教学通常是在一定的教学目标指引下，按照既定的教学计划和大纲，采用符合教学目标和教学对象实际的教科书，在具有日语教学技能、日语知识和日语能力的教师的具体指导下，针对特定的教学对象实施的活动。

日语教学方法还是研究日语（作为外语）教学理论和实践的科学。日语教学方法不仅研究日语教学的基本理论，还研究日语教学的具体方法，如讲授法、翻译法、演绎法、练习法等，还要研究针对不同国别、不同年龄段、不同固有知识水平的教学对象开展教学时需要采取的方法和策略。因此，日语教学方法既是研究理论的科学，也是师生围绕日语知识与技能展开的教与学的实践活动。

（二）日语教学方法的学科属性和体系

1. 日语教学方法的学科属性

关于日语教学方法的学科属性历来有所争论，有观点认为日语学科教学论是外语学科教学论的一个组成部分。外语学科教学论是教育科学的一个分支，因为它的研究对象是教师、学生、教材、课程、评价等外语教学组成部分中教育和教养过程的一般规律，所以日语教学方法的学科体系也应该从属于教育科学。还有观点认为，日语教学方法是从属于语言学的，是日语应用语言学的一个分支，因为指导学生掌握日语语言知识和言语技能是日语教学方法研究的根本任务，日语教学方法的研究离不开日语语言知识和语言文化背景，因此，日语教学方法是日语语言学理论在教学中的实际应用。

我们认为这两种观点都有其合理性。日语教学方法是一门涉及多学科的边缘性科学，与英语教学方法、俄语教学方法等同属外语分科教学方法，是普通外语教学方法的一个分支。普通外语教学方法探讨各科外语教学的普遍规律，它来源于各分科外语教学方法，也指导各科外语教学方法。日语教学方法既是一个科学概念，又是高等师范院校日语教育专业的必修课程，是一个课程名称。

2. 日语教学方法的体系

日语教学方法的体系组成有两种含义，一是指它的广义内涵，又称为亚体系。二是指它的狭义内涵，即教学方法所包含的内容。

从广义层面看，日语教学方法的亚体系由基本理论、基本知识、基本实践、基本操作、专业思想组成。

（1）基本理论。它包括一般语言观、心理观、教育观以及相应的规律、模式、原理，如语言知识和言语技能的统一，智力因素和非智力因素的统一、教学和教育的统一等。基本理论也包括具体的日语教学观点、原则、途径，如听说读写并举，语音、语法、词汇综合，学习和习得结合等。

（2）基本知识。基本知识是基本理论的应用，包括各个方面的教学方法和方式，各种类型的教学手段、技术的运用和使用以及有关的道理和说明等。具体的语言知识教学方法、言语技能教学方法、课外活动组织法、现代化教育技术手段使用法以及强化性和艺术性教学方法等，都属于基本知识之列。当然，基本知识和基本理论的划分是相对的。

（3）基本实践。它是指初步把日语教学方法基本知识和基本理论应用于教学实践的尝试。这种实践带有训练性质。但是在基本实践中，实践者也要努力发挥创造性。基本实践的主要形式是教育实习、见习、评议会、讨论会等，包括听课、备课、写教案、上课、批改作业、辅导、家庭访问、指导课外活动等一系列的教学实践。通过实践活动形成相应的能力。

（4）基本操作。它是指日语教学中的具有技艺性或技术性的活动，如板书和黑板使用的整体设计，简笔画的画法和构思，各种电化教具的使用方法和操作技巧，在线课程指导等。这些都是日语教师的基本功，是本学科的组成部分。

（5）专业思想。发自内心希望自己能成为一名合格日语教师的专业思想是学习和研究日语教学方法学科的出发点和归宿。本学科的广度、深度、难度、学科教师和发展所需要的思想修养、文化修养、逻辑修养等，都会促进日语教育研究者、工作者对其产生兴趣，进而转化为对日语教学工作的兴趣，这也会促进专业思想的树立和巩固。教学是创造，教学方法学科的发展也是创造。抓住创造，教学方法学科的基本问题就很容易解决。学习教学方法就是学习创造，研究教学方法就是发挥创造性，创造就有价值，这是教学方法学科发展的原动力。

从狭义层面看，日语教学方法的组成成分主要分为两大部分：教学思想和课程设计。课程设计可分为教学目的、教学内容、教学流程、教学方法四个部分。教学思想是课程设计的指导思想和原则，课程设计是教学思想的体现。不同教学方法体系首先表现在教学思想上，同时也体现在课程设计上。

教学思想是对语言特性及其社会功能、对语言掌握、对母语和日语掌握过程中的异同等的认识以及组织教学过程的原则。

教学目的指确定课程的教学目的。教学内容兼指教学内容范围、选择标准、量时比及组合教学内容的体系和原则、编排顺序等的设计。教学流程指整个教学过程组织的设计，如课程整体安排，教学阶段的划分和衔接，课型和分工，课内教学和课外教学的配合和分工等的原则。教学方法指课内外教学基本模式的设计。

（三）日语教学方法的研究对象和任务

日语教学方法主要研究"为什么教（学）？教（学）什么？怎么教（学）？教（学）得怎么样？"等问题，归根结底是教学的基本过程。

教学过程是一个系统，首先体现的是由教师到学生的"人—人系统"，它是由教师、学生、教学目的及教材、教学方法等要素构成的。教学的培养目标决定着课程的设置、教科书的选择和教学评价的方法、标准等，这与教育学、心理学密切联系。教学的具体内容是日语语言和日本文化，这与日语语言文化密不可分。教学过程中会应用到教学设备、现代教学技术手段，这涉及教学方法与策略。这些都是日语教学方法要研究的重要课题。归纳起来，日语教学方法的研究对象主要包括下列几个方面。

1. 日语教学的意义

属于这方面应研究的问题有：第一，学习日语对于个人发展和国家建设的意义。第二，学制与学时。在哪一类学校、哪一个年级开设日语，学时多少。第三，日语教学的教育、教养、实用目的及其相互关系，日语教学在实用方面的总目的和各年级的教学目标与要求。第四，各级教育部门有关日语教学的规定。

2. 日语教学的内容

这方面主要是研究教学内容。国家颁布的各层级教学目标规定了内容范围。教科书根据大纲的要求按照一定顺序编排和选择具体内容，因此研究"教什么和学什么"的实质是研究教科书问题，如编写和选用教科书的原则、分析教科书的结构和体系等。

3. 日语教学的方法

教学是师生的双边活动，要研究如何教必须先研究如何学。属于如何学的问题包括：第一，学生在日语教学中的地位。第二，学生学习日语的心理过程。第三，从学习者角度看，决定日语学习质量的诸因素，如学习态度、学习兴趣、学习动机、学习外语的适合性（素质）等。

属于如何教的问题包括：第一，日语教学方法的理论基础。第二，各种外语教学方法流派的理论和实践。第三，适合我国日语教学的理论、原则以及与此相应的日语语音、语法、词汇基础知识教学和听说读写基本技巧的训练方法。第四，日语课堂教学和成绩考核。第五，现代教育新技术，除了传统的录音、录像、广播、电视外，还有最新的网络媒体对日语教学的影响等。

4. 影响和制约日语教学的要素

任何教学过程都是具体的，在一定的时空范围内开展的，有制约它的诸多要素存在。例如，教学行政管理、教育政策、教师能力素质、教育评价机制等。在解决为什么教、教什么和怎样教的问题时，可以利用相邻学科的研究成果和理论，但是不能抽象、机械地引用，因为这些相邻学科的任务需要回答的问题与日语教学方法不同。

教育学的任务是探索一般的教育教学规律，心理学研究人们一般的心理规律和接受一般教育、教学时的心理规律，语言学研究语言本质、人们习得语言和运用语言的一般规律，这些理论十分有助于日语教学方法的研究，但是它们不能直接、具体地回答日语教学过程中的诸多问题。因此，不断地回答、解决日语教学过程中出现的新问题是日语教学方法研究的根本任务。

（四）对日语教学方法的认识误区

1. 否认日语教学方法的科学性

这种观点认为教学方法是语言学、心理学、教育学理论的拼装，不是一门独立科学，或者把教学方法与应用语言学、心理语言学、社会语言学等同起来，认为与其学习教学方法不如学习这些科学更有价值。的确，日语教学方法与这些学科关系密切，但是，每一门科学都有其独特的研究对象和研究任务、研究方法，能够有助于日语教学取得最佳效果的只有日语教学方法。

有些教师不掌握日语教学理论，或者没有认真研究教学方法，对教学的认知基本来源于他的老师，在讲台上只能是机械性地模仿自己的老师，这属于感性认识和经验主义认识。这个模仿的方法是否符合教学目标，是否能保证教学质量，能否达到预期效果是难以保证的。如何上好一门课，如何上好一堂课，不懂得教学方法的教师很难科学地作出回答，那么这节课、这门课的教学质量就可想而知了。

2. 把日语水平与教学方法水平等同

这种观念认为日语水平高，就一定能做好日语教学工作。日语水平是日语教学的前提基础和教学质量的保证，但是，不是所有会日语、日语知识丰富的人都能做合格的日语教师。例如，不是所有的日本人都擅长日语教学；精通日语的翻译家不一定懂得教学方法，不一定能成为优秀的日语教师。可以肯定地说，外语水平高的教师如果不懂得教学方法，教学水平也不一定高。

3. 把教学方法水平与口头表达能力混淆

口头表达能力强意味着教师能清楚表达思想意图。良好的学科基础、良好的口头表达，是教学质量保证的必要条件。但是日语教学是研究日语教学过程的科学，研究对象包括复杂多变的人，如果不懂得教学规律和人的学习心理等，口头表达就难得要领，难以把握教学的关键。所以口头表达能力强不是取得教学效果的唯一条件。

4. 对教学方法唯一性的认识

许多青年教师教学实践经验少，教育理论知识基本功不够扎实，在研究教学方法时容易陷入标准唯一的误区，即希望在教学中找到一个模板，无论什么课程、无论面对何种教学对象，"一招鲜吃遍天"，如认为让学生动起来就是一堂好课，不顾是否适合教学内容、教学目的，一味地采取多种形式的课堂练习，流于形式；再如，认为教学方法理论无用，教师可以各自为政，平行班教学时你用你的方法，我用我的方法，反对教学方法唯一。诚然，具体的教学方法是多种多样的，不能强求一律采用同样的方法。但是，这样的不一致是在教学基本理论指导下开展的，是对基本教学方法理论的不同诠释和演绎，这是在创造性地灵活应用教学方法，而不是无标准无原则的随意行为。

5. 过度强调学生的自主学习能力，忽视教师作用

在强调自我学习、独立学习、终生学习的今天，在信息技术高度发达、知识获得方式不断增多的今天，学生的自主学习能力的确有所提高，但是，教师的作用依然不能忽视。随着高等教育改革不断深入，对人才培养规格和质量的标准也不断提高，日语专业人才培养从精英型、研究型转变到应用型、复合型。这绝不意味着人才培养质量的下降，恰恰是对学生专业能力的提高和知识领域的扩大提出的新要求。在有限的课堂教学时间内完成更多的教学任务目标，意味着教师的有效学习指导必须达到新的高度，否则，学生靠自我摸索经验、死记硬背是难以完成学习任务的。因此，不能只重视提倡学生自主学习而忽视对教师指导学生学习的研究，不能忽视教师的作用。

6. 把握不好教与学的关系

有一种教师，具有很高的日语水平，掌握一定的教学方法，有很强的责任心，希望他所教的学生都能学有所成。虽然这也是一名优秀教师的标准，但是，在教学过程中，他总是担心学生学不会，讲授知识面面俱到，唯恐遗漏，认为学生只要跟随他的指挥棒就能学精学好，所以总觉得课时不够，对学生的学习指导全神

贯注于讲授，而忽视学生的主观能动性。把握不好"如何教学生学习"的问题，归根结底还是没有把握好"教与学"的关系，这样的教学很难调动学生的学习积极性，也不利于学生自主学习能力的养成。

7. 把教学经验与教学方法水平相混淆

作为一门科学，教学方法的理论来源于教学实践，来源于前人对教学经验的总结，教学方法理论又接受教学实践的检验，教师学习教学方法理论，必须能够应用到教学实践中才算是真正掌握。教学经验终究不等同于教学方法理论，实践经验只有上升到理论高度才能指导实践，并且要经过实践的检验才可以称之为科学理论。教师的教学活动是针对人的，学生不是实验品，不能用一届一届的学生做实验，以此来培养教学经验和能力，有责任心和教师道德的人不会把教学经验与教学方法水平混为一谈。

二、日语教学方法理论研究

日语教学作为成规模的外语教学始于19世纪末，于20世纪70年代开始在全世界范围内获得长足发展。相对于英语等欧洲语言来说，日语作为外语的教学时间要晚得多。也正因为如此，日语的教学方法可以说基本上是在借鉴英语等其他语种的教学方法的基础上，结合日语本身的特点形成的。

（一）语法翻译法

语法翻译法是以翻译为基本手段，运用母语对日语的语法规则、语言结构等进行翻译、讲授的教学方法。外语教育方法盛行于15—17世纪的欧洲，当时被称为"语法模仿法"，而这种方法源于拉丁语教学法，这些都是语法翻译法的雏形。这是一种依托于历史比较语言学的理论基础和研究方法。例如，德国语言学家奥朗多弗等学者总结了实践经验，内容是关于运用语法翻译法，他们从理论上去论述了这个方法的合理性，使其成为一种科学的外语教学法体系。语法翻译法的主要代表人物除了德国的奥朗多弗，还有法国的雅科托（Joseph Jacotot）和英国的哈米尔顿（James Hamilton）等。语法翻译法既是最早形成的外语教学法，也是使用时间最长、最为广泛的外语教学方法。

语法翻译法提倡运用母语教授日语，在教学中以翻译为基本手段，以语法学习为基本途径，强调语法教学的核心地位。语法翻译法的教学目标主要是培养学生的日语读写能力，通常采取教师讲授、学生接受的教学方式，师生间和学生间极少互动。语法翻译法对我国的日语教学有着深远影响。从清末民初直至20世纪70年代，语法翻译法在我国的日语教学活动中一直占据统治地位，至今仍有不少日语教师在沿用语法翻译法来开展教学活动。

1. 主要特点

在日语教学中，语法翻译法具有如下主要特点。

（1）教学活动以教师为中心，教师讲授语言知识，学生机械性的记忆和背诵。

（2）教师主要使用师生共通的语言，很少使用日语进行教学。

（3）学习材料尽量选择难度比较大的文章。

（4）较少的关注材料的内容和相关思想，更注重日语语法的现象。

（5）语言训练以句子翻译为主，不注重学生的交际应用。

（6）重视语法形式的讲解和训练，尤其注重日语中的助词和用词活用形的教学。

（7）词语教学只给出相应的译词，较少关注词语的使用场合。

（8）语音教学着力不多，较少关注学生的语音语调。

2. 优点与不足

语法翻译法既有其优势，也存在明显的不足。其优点主要表现为。

（1）能够帮助学生清晰地理解日语的语法概念，比较系统地掌握日语的语法知识，便于学生举一反三。

（2）有利于学生快速、准确地读取语言材料，能快速提高学生翻译、写作和阅读的能力。

（3）对教师的要求不高，尤其是专业技能，学生的学习成绩也容易通过词汇、语法和翻译等客观试题加以测评。

同时，语法翻译法的劣势也十分明显，主要表现为。

（1）单纯强调教师授课，学生的主动性会受到阻碍，导致学生对日语的兴趣不高。

（2）忽视学生听、说能力的培养，导致学生日语交际能力严重不足，无法满足当代社会对学生日语能力的需求。

（二）直接法

直接法是指尽量避免使用母语和翻译手段，而是通过各种直观手段直接运用日语开展教学活动的教学方法。19世纪末20世纪初，随着欧美等国资本主义经济的快速发展，国际政治、经济形势发生巨大变化，国际交往日益频繁、广泛，各国对于外语人才的需求量加大，之前一直使用语言翻译法培养的学生显然不能适应时代的需求。英国的语言学家斯威特和德国的语言学家菲埃托等人针对学生口语交际能力缺陷提出了改革，一定程度上，强调了口语和语音训练的重要性，阐述了新式的名为直接法的原则，推动了外语教学法的发展。由于直接法强调口语交际训练，在听、说的教学活动中自然领悟语言规则，因此也称"口语法""自然法"。直接法重视口语和语音教学，主张词汇和句子应结合上下文来学习，语法教学主要采用归纳法。直接法的代表人物主要有德国外语教学法专家贝立兹（Maximillian D.Berlitz）、法国外语教育家古安（Francois Gouin）、英国语言学家帕尔默（Harold E.Palmer）、丹麦语言学家叶斯珀森（Otto Jespersen）等。贝立兹在推广直接法方面作出了巨大贡献。1878年，他在美国创立贝立兹语言学校（Berlitz School）。从1921年到1944年，贝立兹建立的语言学校从美国开始，一直发展到了欧洲、拉丁美洲和非洲等地方。帕尔默结合自己的实践经验，对直接法作了大量的理论研究。1922—1936年，帕尔默应日本政府的邀请，前往日本从事英语教研工作。在他的努力下，日本人的英语研究工作异军突起，取得了不小的成就，直接引起了全世界外语教学界的重视。

第二次世界大战前，语法翻译法在教学实践中存在明显的缺陷，促使当时的日语教师开始探索新的教学方法。1898年，在台湾地区从事日语教学的"国语教学研究会"发起人桥本武，向山口喜一郎等日语教师推荐直接法的代表人物古安所著的《语言教学艺术》（The Art of Teaching and Studying Languages）一书。山口喜一郎于1899年开始尝试在具体教学中运用直接法并初见成效，这成为山口式直接法的研究起点。直至1945年山口喜一郎返回日本，他先后在朝鲜以及中国的台湾、东北、华北等地区长期从事日语教学。在此期间，山口主要推行直接法。山口喜一郎结合教学实践编纂过多套日语教科书，还撰写了《日本语教授法概说》《日本语教授法原论》等多部日语教学法专著。山口喜一郎不仅批评语法翻译法无法准确表达汉语中没有的事物或现象，认为过早导入汉字会弱化日语的音韵和词语本身的意思，还说明了直接法过于复杂、不易理解和自学困难等缺点。在此基础上，山口喜一郎提出了山口式直接法，实际上是语法翻译法和直接法的折中方案。山口式直接法主张入门阶段严格实行直接法，训练听与说；解读、预习或复习的时候可以使用语法翻译法把握文章的意思。对于句子结构的教学，山口喜一郎反对从易到难的教授顺序，而主张从学习者的身边事物开始教学。[①]

1. 主要特点

直接法具有如下主要特点。

（1）排斥母语和翻译，直接以日语组织教学活动，将实物、图画、动作、手势、表情和游戏等直观手段扩大了范畴，解释了词义和句意。

（2）倡导听、说先行，读、写随后的教学原则。

（3）主要教授口语，注重语音教学，初始阶段一般不涉及日语汉字的教学。

（4）语言材料为现代日语，教学以句子为基本单位，注重整句学习，不孤立地教授单词和语音规则。

（5）直接感知、模仿、类推为主要教学手段，初学阶段避免讲授语法规则，学习到一定阶段后再对语法进行归纳。

2. 优点与不足

运用直接法开展教学活动，其优点主要表现在以下几个方面：

（1）可以开展自然的口语教学，不但能更好地让学生理解对话内容，还可以活跃课堂氛围，激发学习兴趣，在初学阶段非常适用。

（2）强调直接学习和实际应用，有利于培养学生的日语交际能力。

（3）注重听、说能力的培养，能培养学生的日语思维和运用日语的习惯。

（4）不断地重复和模仿，使学生掌握正确的语音、语调，有利于培养学生的日语语感。

（5）以句子为教学的基本单位，有利于学生完整、准确地把握句子的含义，便于组织学生进行有意义的操练。

同时，直接法也存在明显的不足，其主要表现为：

（1）将母语的中介作用完全排除，不仅呈现效率低，而且难以将抽象概念讲解清楚，容易让学生产生误解，学习的知识理解不透。

---

① 高春元. 关于山口喜一郎的日本語教育的研究 [D]. 呼和浩特：内蒙古大学，2016.

（2）将儿童的母语习得与学生学习第二语言混为一谈，忽视学生的独立思维能力，妨碍学生的学习主动性。

（3）片面强调口语教学，不重视培养学生的读、写能力，致使学生的语言表达浮于表面，难以进行深入的交流。

（4）单纯依靠机械性模仿、操练和记忆，学生难以准确把握词语之间的搭配关系和句子的结构特征。

（5）忽视语法规则的学习，学生不仅无法运用语法规则来规范自己的语言表达，而且也难以做到灵活运用、举一反三。

（三）听说法

听说法是指以日语的句子结构为纲，以操练句子结构为中心，着重培养学生日语听、说能力的教学方法。听说法起源于 20 世纪 40 年代的美国。太平洋战争爆发后，作为同盟国兵工厂的美国需要派遣大批军事人员到世界各地工作。这些人员必须快速掌握有关地区通用语言的口语。于是，以结构主义语言学创立者布龙菲尔德（Leonard Bloomfield）为首的一批语言学家和外语教学法专家受美国国防部邀请研究新的外语教学法。结果便研究出以结构主义语言学和操练性条件反射为基础的陆军口语法，亦称"布龙菲尔德教学法"。由于该教学法以句子结构操练为中心，重点发展学习者的听说能力，因此被叫作"听说法"，又称"句子结构教学法"或"口语教学法"。听说法在第二次世界大战结束后不断得到完善，20 世纪 50—60 年代在世界范围内产生了很大影响，其主要代表人物除了布龙菲尔德，还有美国语言学家弗里斯（Charles C.Fries）和拉多（Robert Lado）等。

在布龙菲尔德之后，对听说法影响最大的是弗里斯和拉多。他们进一步发展了听说法的教学思想。

（1）重视语言与文化的关联性。语言与民族文化密不可分，学习外语不能忽视使用该语言的民族文化。

（2）词汇和语法结合句子教学。句子作为口头交际的最小单位，应将词汇、语法融进句子中实施教学。词汇的作用是将句子结构形象化，应先学习构成句子结构骨架的功能词。

（3）起始阶段重点掌握语音体系和呈现各种句子结构。

（4）有针对性地选择教学内容。教学内容应在对比外语和本族语的基础上进行选择，并区分难点的类型。选择教学内容时，需要注意使用频率、典型性等因素。

（5）注重句子结构的操练。需要熟练掌握句子结构，并将绝大部分的教学时间用于语言实践。句子结构的操练方法主要是模仿、复习、类推、构形和熟记。

1. 主要特点

听说法的理论依据是结构主义语言学和行为主义心理学，其主要特点表现如下：

（1）听、说为主，读、写为辅。听说法主张语言首先是有声的，文字只是记录语言声音的符号。因此，声音是第一性的，文字是第二性的；听、说是一切言语活动的基础，读、写是在听、说的基础上派生出来的技能；学习日语首先要掌握听、说，在初级阶段尤其应以培养口语能力为主，读、写技能为辅。听说法要求日语材料首先要经过耳听、口说，然后再进行读、写，要严格按照"听—说—读—写"的顺序教学。

（2）反复操练和实践，形成自动化的日语表达习惯。依据行为主义心理学理论，听说法强调语言学习必须进行大量的"刺激—反应—强化"的反复操练，通过一定的模仿、记忆、交谈、重复等实践类型的练习，能够即使用日语表达日常行为习惯。

（3）以句子结构为中心。句子结构是从大量句子中总结出来的句子架构模式，既是表情达意的基本单位，也是听说法的教学中心内容。在教学活动中，无论是日语知识的讲授，还是日语技能的操练，都主要以句子结构为中心，通过反复替换操练，使学生自主地运用每一个句子结构，最终达到学生综合运用日语的教学目标。

（4）排斥或限制使用母语和翻译。与直接法类似，听说法同样排斥翻译和使用母语，提倡尽量运用直观手段，借助情境或采用日语直接释义等方式开展教学活动。只有在采用直观、直接的手段无法解决问题的情况下，才允许把母语翻译作为释义和讲解的手段。

（5）对比语言结构，确定教学难点。听说法主张把日语和母语进行比较，找到两种语言在结构上的不同和相同之处，从而确定教学的难点，将攻克难点作为教学的主要力量。不仅如此，在教学中还需要对日语内部的语言结构进行对比分析。提倡句子结构的教学顺序应采用由易到难进行训练的方法，以便于对复杂句子结构的掌握。

（6）及时纠正错误，培养正确的日语表达习惯。听说法强调从一开始就让学生正确理解、准确模仿、表达无误，发现错误及时纠正，避免学生形成错误的日语表达习惯。

（7）广泛利用现代化教学手段。听说法提倡在教学过程中积极利用各种现代化的教学手段，如幻灯、录音、影视等，通过多种途径对学生进行日语的强化刺激。

2. 优点与不足

听说法是一种理论基础非常雄厚的教学法流派，应用到外语教学中即为把结构主义理论和行为主义理论结合，让外语的教学有了一定的科学基础，具有一定的时代意义，听说法的出现会成为外语教学发展史上的一个里程碑，在理论和实践两方面都促进了外语教学法的发展。

诚然，听说法有其优点，也存在不足。其优点主要表现为：

（1）强调日语教学的实践性，重视听、说能力的培养，语音、语调比较自然。

（2）重视句子结构教学。通过句子结构的反复操练进行听、说、读、写等语言技能的训练，养成自动化的日语表达习惯和日语语感，避免了繁琐的语法分析和抽象推理，同时对教师的日语水平和教学组织能力的要求也不是很高。

（3）通过对比分析语言结构特点，确定教学难点，有针对性地加以讲解。

其不足主要表现为：

（1）把语言看作一系列"刺激—反应—强化"的过程，在语言运用的创造性方面认识不足。

（2）在句子结构方面过分强调，脱离了语言内容和社会场景，对语言的重视程度不够，尤其是在内容和意义方面，一定程度上不利于培养学生将日语和得体交际的能力灵活运用在日常中的能力。

（3）一直使用大量的机械性句子结构会使学生容易感觉枯燥乏味，课堂的氛围容易变得沉闷、单调。

（四）交际法

外语教学法的其中一种以培养学生语言交际能力为目标的方法称为交际教学

法。这个教学法要求教师要在情境中呈现给学生每一个新的知识点，让学生体会到真实语境，能够自主练习并学习新的语言点。学生想要提高自己的语言交际能力，必须积极参与教师设计的交际活动。交际教学法认为，语言是不知不觉掌握在心中的，学习的人不再被动地接受知识，变成了主动去创造知识的创作者，并且这样的效果不是通过讲授语法规则就能做到的。

1. 主要特点

（1）不能只以教师为中心，而不去强调学生的主动性和相互作用，能保证学生的练习时间和相应的练习量。

（2）语言应用的广度需要一定的教材去反映。

（3）课堂需要采用新式方法，要对学生的相互交流有好处，如教师的布局要适合学生结组活动。

（4）交际法相对于只教给学生整个语言体系的方法更节省时间和精力，而且只教授必需的语言。

（5）交际法教授给学生能在实际的工作生活中用到的语言技巧，从长远的角度看，交际法是在与实际用法十分相近的基础上进行的。

2. 优点与不足

交际法的优势：

（1）交际法在教学中注重学生的实际能力、语言综合能力和自学能力的培养，从教师为中心转向以学生为中心的模式结构，学生的心态从"要我学"转为"我要学"，激发出他们强烈的学习主动性。

（2）交际法的主要形式是给学生提供真实的语言情境，还能够促进第二语言的学习，在一定程度上要求学生进行积极的思考，能够通过不同的语言知识来完成不同的语言任务。比如一些类似于二人小组、角色表演的小组活动，在这些活动里，能有效发展学生的听读写能力。

（3）交际法倾向于发展学生的话语能力和策略能力。之前传统的以教师为中心的课堂结构会限制学生活动的数量，也限制了会话活动的质量，而交际法的使用则缓解了这样的情况，能够让学生有机会参与到丰富多彩的活动中，并且能够创造性地运用活动，不会再受到孤立句子的限制，更大程度地进行衔接连贯的表达以及发展语言能力。

（4）交际法的出现，改善了课堂古板拘泥的氛围，创造了愉快融洽的课堂氛围，在这种环境下学习，学生能够进行更有创造性的语言活动。

交际法存在的问题是：

（1）教材以功能为主，打乱了语言基本的系统，增加了学习的困难程度。

（2）交际法的运用对于习惯于其他方法的学生来说容易感到困惑，但仅限于初始阶段。

（3）对于同一功能选择的取舍，并没有一定的客观标准。

（4）与其他方法相比，交际法更难评估和测试。

（5）表面上看，交际法会和传统方法相悖，容易遭到年长的教师和学习者的反对。

对于交际法来说，教师的主导地位并不发挥作用，但存在潜在的问题是对教师的相关能力提出更高的要求，如在备课方面和纯专业技能方面，要对时机进行有效的干预，并且要求教师具备更强的能力和适应性，尤其是在外语方面。交际法并不倾向于使用教材的传统方法，之前教师按照教材提供规则的原则已经被改变，在交际法的运用过程中，教师要有能力进行选择、改写他们使用的教材，编写出适合交际法的内容。

三、教学方法的选择与运用

俗话说"教无定法"，也就是说，教学内容与教学方法既不存在对应关系，也没有某种万能的教学方法。所以，在现状下，要求教师能在现代教学理论指导下，熟练掌握各种教学方法特点，将各种教学方法的优劣进行合理的比较考虑，科学的运用适宜的教学方法，并且能对各种适当的方法进行合适合理的组合。

（一）日语教学方法的选择

在实际教学中，既可以根据需要选择某一种教学方法，也可以选择多种教学方法加以优化组合。具体选择什么样的教学方法，主要可以从以下五个方面综合考虑。

（1）教学目标

教学目标不同，相应的教学方法也不一样，对于不同领域和不同层次的教学目标来说需要借助适当的教学方法。教师可以根据具体的可操行教学目标来确定具体的教学方法。

（2）教学内容

在教学的不同阶段，教学的内容应该根据教学的要求来进行更改，这就要求教师在选择相应的教学方法之前，应该注重方法的灵活性和多样化。尽可能根据不同的教学内容尝试选择不同的教学方法。

（3）学生特点

教师对教学方法的选择不是随意性的，而是根据学生的年龄、性格、生活环境以及学生自己的现实需求来进行的，这些方面都有一定的直接影响。所以在教学过程中就要求教师能够精准把握学生的特点，运用适合的教学方法。

（4）教师素养

任何一种教学方法，如果教师不具备相应的素养条件，不能充分理解和把握教学方法的实质和特点，就不可能在实际的教学活动中获得预期的教学效果。所以选择教学方法时，教师也要根据自身的条件去选择与自身相适应的方法去进行教学，扬长避短。

（5）教学环境

教师在选择教学方法时，必须考虑实施教学活动的客观环境，包括时间条件、教学设备、学生状况、地理环境、社会环境等，教师应最大限度地运用和发挥教学环境的有利条件，选择与教学环境相适应的教学方法。

（二）日语教学方法的运用

合理、有效地运用教学方法，目的是在实际教学活动中获得预期的教学效果。为此，需要注意以下几个方面。

1. 以启发式教学思想为指导

日语教学方法种类繁多，但是无论采用何种教学方法，都应当坚持贯彻启发式的教学思想。所谓启发式，教师需要按照实际情况，采用各种有效果的方法去调动学生的积极性、主动性和独立性，引导学生通过自身已拥有的能力去积极地掌握知识和发展自身能力。启发式教学是一种运用教学方法的指导思想，它和一般的具体教学方法不同，相较于注入式的教学而言，启发式更加积极。而注入式教学是偏向于从教师的主观思想出发，将学生当作只能接收的容器，忽视学生的主体地位和能动思想能力。启发式教学思想尊重学生的学习主体地位和能动作用，不仅有利于激发学生学习的积极性和主动性，还能让学生能通过自己的个人能力找到适合的方法，对于学生自身的独立思维能力和创造能力的提升都有好处。

2. 准确把握日语教学方法的特点

对于教学方法而言，每一种都有自己独特的特点、功能、局限性和应用范围。因此，教师只有准确把握各种教学方法的应用特点，同时综合考虑自身的教学需要、学生特点等情况，做到"对症下药"，才能充分发挥教学方法的优势功能，达到提高教学效果的目的。

3. 从实际出发，灵活运用

在具体的教学活动中，教师绝对不能生搬硬套、机械地运用选定的某种教学方法。教学方法种类是有限的，而教师需要面对的教学情形纷繁复杂，是无限的；既不存在某种万能的教学方法，也不可能将教学方法与各种教学情形一一对应起来。因此，教师在选定教学方法后，必须根据自身所面对的教学情形对选定的教学方法进行必要的优化，使之更加符合具体的教学需求。只有做到准确把握每一种教学方法的实质和特点，并加以灵活改造和运用，才可能充分发挥教学方法的优势功能，获得预期的教学效果。

4. 扬长避短，综合运用

由于任何一种日语教学方法都有其适用范围和局限性，因此教师必须在教学过程中善于扬长避短，将综合方法灵活运用，更好地实现教学目标。首先，由于教学情形存在多样性和复杂性，不存在万能的教学方法，这就决定了教师必须博采众长，合理地综合运用多种教学方法。其次，为了充分调动学生学习的积极性和主动性，教师有必要综合运用多种教学方法给予学生多种刺激，不断激发学生的学习兴趣，这样学生就不容易对学习活动产生枯燥乏味、厌烦倦怠的感觉。

需要注意的是，教学活动本身是一个动态的过程。在实际教学活动中，教师需要根据教学过程中的动态特点随时调整教学方法或启用备选方案。只有灵活地、创造性地把握教学过程，才可能获得最佳的教学效果。

第二节 语言学理论研究及应用

一、语言学理论研究

（一）认知语言学

认知语言学是一门以认知心理学为基础的语言学科，其从思维模式的角度出发对语言学习及各种语言现象进行了深度剖析。近年来，随着对于认知语言学研究的日益深入，其在高校外语教学方面的应用和研究日益广泛起来，对于日语教学也起到了一定的启示作用。本节首先从认知语言学理论的简述入手，对其包括范畴观、意象图式、理想化认知模型在内的三个主要思想理念进行概述；进而从认知语义、认知语用以及认知心理三个方面对认知语言学与日语教学的全面结合进行阐述；最后从日语词汇教学、日语语法教学、日语交际语言教学三个方面对认知语言学在日语教学中的实际应用进行阐述。

1. 认知语言学简述

在 20 世纪 80 年代的美国和欧洲，认知语言学已经诞生了，它是一门基于认知心理学为主，并且在这个基础上综合了语言学和语言哲学的一门新兴学科种类。认知语言学以行为哲学为方向，对语言表达和思维模式的内在联系进行了最佳的解释，其主要是研究复杂的语言现象和语言主体之间的关系。

对于语言教学来说，认知语言学是通过告知学习者语言学的根本是对一门语言的认知，并且要结合学习者日常碰到累计的社会经验等来进行辅助学习，从而使学习者能对语言学习进行深入研究和理论总结，在教学过程中，它是一种日语认知活动。从它的理论来看，语言学习摆脱了传统的死记硬背的方式，将语言学习和学生主体感官的体验感受相结合，从而提高学生的学习效率，在一定程度上也能将教师的教学质量予以提高。

准确的理论认知对于教学实践应用来说是非常重要的，所以用以下几个方面来进行简述，包括认知语言学涉及的范畴观、意象图式、理想化认知模型、隐喻理论等。

（1）范畴观

人类的高级认知活动其实涉及的是范畴观中的内容，具体指的是人类在头脑中将世间万物进行分类的活动。其根本在于参透在语言现象里存在的根本规律。这是范畴观里认知语言学的基本内容之一，它是与人类的认知范畴息息相关的。在认知语言学里，范畴分为了垂直关系和水平关系两个层面，即是所属关系和并列关系。而人类在头脑中形成的一个网格结构就是通过这两种关系交错而形成的，是从具象到抽象的一个思维过程。基本层次范畴是我们在语言认知过程中使用到的包含范畴成员最多的一种。基本层次范畴是人类对世界万物划分的节点，其在感官方面的表现为具有极易被主体感受并识别的外观层面的特点，同时含有与外部世界产生关系的万物交流层面的特点。不仅如此，还有词汇最精炼、特征最明显、使用最频繁的特点。对于基础层次范畴的特点来说，它与各门语言教学过程中应该把握的针对性教学是相通的。

（2）意象图式

"意象图式"指的是在认知语言学中人们头脑中所储存的根据现有的生活经验以及感官得到的关系模式架构，具有一定的抽象性、规律性的特点，以"类推"的方式构建直观的经验，以"隐喻"的方式构建非直观的经验。而"意象图式"中的"意象"指的是"无客观现实时因想象而触发的心智表现"，"图式"指的是"万物关系的常规性模型"。在认知语言学里，根据人类生活经验中的主要意象图式进行概括，里面包含了几个层面，如部分－整体图式（即是多部分组成－整体的逻辑关系）、链式图式、中心－边缘图式、起点－路径－目标图式。这些意象图式都是在我们脑海中比较熟悉的认知架构，是各门语言教学中把握良好并且合理运用的成功经验。

（3）理想化认知模型

某种特定社会、文化背景下的语言表达主体对于在某一种范畴里的经验储备作出来的抽象化的认知解释即被称为"理想化认知模型"。而认知过程是主体头脑中已经存在的理想化认知模型和这件事物原型之间逐渐符合的过程，并且在这个认知的过程中我们会用到很多个不同的认知模型，准确认知的形成是在原型效应之后。两种事物之间可以互相指代是最为常见的理想化认知。例如，典型例子模式、凸显事例模式等等。理想化认知模式其实一方面是作为切入点在和门语言教学过程中使用的，一方面又是语言教学过程的清晰化抽象过程解释。

2. 认知语言学与日语教学的全面结合

（1）认知语义方面的结合应用

对未知的新鲜事物的认知过程就是外来语言的学习过程，依靠自身生活经历中常见具体的认知范本为参照，采用一些具体办法，如类推、隐喻的方式，对平时不常见、抽象的新范畴进行识别和认知，这就是人们生活中经常使用的方式。将这个方法具体到日语教学来说，就是将常用的多义词的词义区进行区分，分解成为基础的日语词汇的语义框架。实际操作来说，就是利用范畴观里的垂直关系和水平关系定位在头脑里处于基层范畴的词汇，清楚知道它的初步预估，从而可以利用意象图式中的固有关系对词汇的派生含义将语义结构建成，可以深层剖析日语词汇背后涉及的语言学习主体之间的认知途径。我们可以在头脑中对已有的常见事物进行分析，对词汇的意义扩张方向进行确定，但首先需要对中心进行认定，最后通过自己知道的概念和自己未知的新词汇之间的模式对它的内涵进行引申拓宽，对词汇的语义环境进行进一步明确。

（2）认知语用方面的结合应用

对于语言学习来说，熟练的实际应用才是我们进行语言学习的最终目的，功能是语言应用方面研究的重点，而最直接的体现是语言应用的翻译能力。翻译是原著者、翻译者、读者三者之间的交流活动，是以原著的内容为基础的一个认知推理的过程，是三者之间各自秉承着真诚理想认知模型的反复碰撞的过程，在某种程度上也为外语翻译教学提供了有效理论依据，而这种情况应用到日语翻译教学中，就是在进行日语口语应用及原文翻译时应该强调的三元关系，强调在语境中的认知，并且要让学生充分拓宽日语的文化架构。

（3）认知心理方面的结合应用

"听"和"说"都是语言学习里面很重要的能力，重要程度我们人尽皆知，不管是在日语课堂还是在中文课堂，我们都常常采用复读式的训练方法，加上音频的辅助，学生们可以采用快速跟读的方式对音频里的知识进行复述，从而提高学生的听力和口语能力。而不同学生的表现是不同的。在认知心理学里，人的记忆分为三种，即瞬时记忆、短时记忆和长时记忆。在进行复述的过程中我们头脑中首先形成的是图片形式，这是还未经过加工的瞬时记忆，具有储存时间短、不深刻的特点；对之前的瞬间记忆的碎片进行重点总结加工分析时，会形成进一步的短时记忆；只有在人通过调动重点信息来丰富之前的短时记忆之时，形成的才是深刻的长时记忆，就可以实现音频信息的复述和理解。长时记忆的深刻程度关系到信息的丰富程度和记忆相关的信息提取。这些表明在日语教学中的重中之重是构建个体头脑语言架构体系，真正实现语言的应用还是需要打好扎实的语言储备基础。

（二）社会语言学

社会语言学作为语言学的一个分支，其核心是研究语言与社会因素之间的关系。在我国日语教育界，对于社会语言学的研究还很不充分，依据社会语言学理论来研究日语教学的更是凤毛麟角。可以说，日语教育界对于社会语言学的研究尚处于起步阶段。

1. 社会语言学的概念及研究范围

社会语言学区别于原来语言学只注重语言本身的做法，开始从语言和社会的关系中来研究语言及其应用，扩宽了语言研究的视角。社会语言学主要考察的内容是语言在不同社会条件下的变异，对社会与语言之间的"共变"关系进行探讨，在社会语言学里，它的研究领域非常广泛，被日本的著名社会语言学家分为了九个方面：语言活动、语言生活、语言接触、语言变化、语言意识、语言习得、语言规划、方法论、语言变种。这本书主要是从两个方面来分析日语语言的特点，分别是语言变种和语言活动，在探讨时还参考了语言习得的相关理论，对日语教学的启示理解的更加深刻。

2. 从社会语言学视角看日语的特点

（1）社会语言学视角下的语言变种

在语言学理论里，语言使用者的社会属性发生改变时，所使用的语言也可能存在一定的变种，即为语言变异，而社会属性是指性别、年龄或者语言场面等因素。

①性别差与语言变异。日语中，男女在语言使用上存在很大的差别。这一现象是跟日本历史有关系的。在古代的时候，男性大多使用汉语词，而女性大多使用和语词。一直到现代日语的使用中，男性和女性在使用日语时仍旧存在明显差异，如在词汇的选择、语气、表达方式等方面。随着现代社会的发展，女性接触

社会机会的增多，生活也发生了一些变化，生活类型逐渐变得多样化，语言使用方面也不断地个性化，而在女性之间的语言差异也在逐渐地扩大。

②年龄差与语言变异。语言在使用的同时也和语言使用者的年龄有一定的关系，不一样年龄的人在表达同一个词语的意思时使用的语言也可能是不同的。

③场面与语言变异。日语中使用的语言不止与上文提到的年龄等有关系，还与语言所处于的场面有很大关系。具体分为正式和非正式、公共和私人等多种情况。不同的场面也需要说不同的语言。例如，班级里的一个普通同学，在课余时间可以和同学们进行任意的简体交流，但是在课堂上对其他同学演讲时就需要用有礼貌的正式敬体。

（2）社会语言学视角下的语言活动

人们运用语言进行交流的过程就是所谓的语言活动。语言的构成可以简单分成五个方面：表达者、理解者、素材、环境、上下文。从这些方面可以看出，在语言活动中，最重要的构成要素就是表达者和理解者。表达者和理解者所处的社会关系和环境对语言活动能产生直接的影响，日语敬语的使用上就体现了这一点。表达者在面对不同身份、不同地位或者亲近关系不同的人时使用的语言都是不同的。

二、语言学理论的应用

（一）认知语言学理论在日语教学中的应用

现在构建的符合日语语言特征的教学体系是高校日语专业借鉴英语教学经验，在理念和方法上进行了改良和精进而得成的。但是这个体系中有一个弊端，教师在教学过程中过于注重散点知识，没有让学生及时养成日语思维的习惯，在学习的过程中出现了不同程度的困难，所以现况下日语教学方法改革是要尽快进行的。

认知语言学的理论是以知觉、视点的投影、移动、范畴化等人类所拥有的一般性认知的能力反应来理解的理论，通过心理学等跨学科研究，以认知科学和体验哲学作为理论背景，从而找出语言学天赋观和转换生成语法的一些缺陷，对于人类认知能力的实现是可以将其运用在主张语言学习方面的，以下几点对如何在继承生成语法的基础上，引用语言学的理论，提高日语的相应教学效果进行了阐述。

1. 认知语言学中的认知语法理论的应用

第一，语言学里，语言的结构只是词义、音韵以及整合这些要素的符号单位，它是主观性强、比较模糊的认知模式主张，在这里提出了总结句子范式出现的基础模式用法，跟传统的日语教学方法是相反的，教师只是使用先讲解句型再举例子的办法，让学生去造句，这样的模式对于现在的学习来说是不适用的。

如果在学习的过程中忽视了日语中的包含文化、社会等因素的句子，那么日语就会变得生硬。例如，词语"借花献佛"，在翻译时如果不注重里面的"佛"字，在日语中为"归天者"的弦外之音，只注重句型，就会引起以日语为母语的人的误会和不愉快。所以，在学习时应该让学生多读一些日文报刊、小说等课外读物，多收集到一些实际的例子，这样在掌握句型的同时，也能了解到具体包含社会语境的单词，能从根本上形成日语的思维方式。

第二，认知语法中的词汇和语法观对日语教学的启示。语法可以作为规则，在生成句子的时候使用，但是认知语法和词汇并没有明确的区分，他们之间是一种有阶段性的内容。所以在这个规则里，传统日语教学模式中的浅层次词汇、语法生成都是有益的，让学生能够在学习的状态中提高自己的抽象思维能力。

2. 认知语言学中的隐喻的应用

在国外学者看来，隐喻不止是一种修辞手法，更是认知语义论里的重要研究内容，它比直喻更加含蓄，一般人以为，人类应用类推能力掌握范畴的作用和原理的基本方式是隐喻，是认知语言学里不可或缺的内容。

其实隐喻的手法在古今中外的作品中都有相应的体现，它能带来很强的感染力，在日语中，会以"主语＋主格助词＋表语＋判断助词"的方式来表达，像直喻中常出现的"如""像"等却在隐喻里不多见。例如，日本作家志贺直哉的《暗夜行路》一书里，谦作对爷爷的女佣说："人生是旅途，不和我一起去旅行吗？"女佣说："怎么努力也没有盼头。"谦作说："黑暗越深，黎明就越近了。"有一些句子隐喻的更加隐晦，甚至让人看不出，如佐藤春夫的《田园的忧郁》诗里"我的院子里紫堇开了"。这个地方描述的是正在恋爱的男子心中有复杂的情愫在涌动。这首诗中还有一句："他一看窗外，发现一只鹰静止在空中，不畏强风。"这并不是在单单地描述自然风景,而是在暗暗地表达自己想像鹰一样坚强。不止是在文章里,隐喻在日常生活中和日语能力考试的阅读理解和听力中也经常出现。

人类对世界的认知和世界观的关系与隐喻是非常密切的,如果隐喻能做的与听话者的内心相呼应那么就能很容易打动对方。传统的日语教学方法只注重语法、句法和词汇的表层,忽视了日本语言和文化风土的隐喻教育,导致学生对日语文章等产生误解,所以,更应该将隐喻的思维引进日语课堂教学中,让学生能够在对日语的理解上更上一层楼,能更顺利的通过测试,读懂文学作品,日常使用交流能够毫不费力。

3. 认知语言学中的构式语法理论的应用

在语言学的观点上,构式语法是将语法作为习惯化的集合体来理解的,生成语法则不同,它是将语法通过词汇项目以及词汇项目规则记叙的语言学的一种概念,他们的立场是不同的,构式语法主张形成一个连续体,如从谚语之类的固定表达到单词能够自由替换的 SOV,也称为主谓宾模式。在日语中的具体表现为几种方式,如前缀形态素,如"超";后缀形态素,如"的"熟语,如"吴越同舟"双重宾语构式,主语+动词+宾语1+宾语2;被动态,主语+助动词+动词的被动式。以上提到的这些核心语法,要想理解到问题的本质,还是需要通过构式语法来进行理解概括,加深记忆。

我们在以传统的生成语法为指导的日语教学应用中发现,上述讲的隐喻、范畴化、认知语法、构式语法等认知语言学的理论都身处其中,认知语言学理论较为抽象,但并没有否定在生成语法中出现的"词汇""形态""统语"等元素的存在,如果在教学中使用照本宣科的方式,那么学生理解学习起来就会更加的困难。

4. 认知语言学中的范畴化理论的应用

认知语言学里关于范畴化的讨论表明,这是产生认知语言学的一个契机,他们提倡的更多的是原型理论和基本层面的范畴概念。根据这个叙述来说,可以取代通过共通属性规定范畴的古典式的范畴理念,他们主张词的意思不能和该词联想到的状况和辞典式的知识世界割裂。

此理论是以查尔斯·菲尔墨亚等的框架词义论、乔治·雷科夫的理想认知模式为基础的,对于人类来讲,认知资源是有一定限度的,通过范畴化可以用最省力的方式获取最大量的信息,而范畴化是经过以下的过程形成的。

第一，肉眼所见对象的模式认知。比如，在日语中的"主语+宾语+谓语"这样的结构就属于经典的模式认知，使用这样的结构，有利于掌握日语的本质内容。

第二，从长期记忆中检索已经认知的信息。例如，平时在接触新的日语句子时，能够从基本句式这样的长期记忆里，检索到自己熟知的主谓宾结构。

第三，选择与对象最类似的记忆。在学习日语语法时态的同时，可以选择相类似的16种英语时态，进行对比的学习。

第四，推论对象所具有的性质。日语句子中会出现很多的汉语词汇，必须要根据日语的习惯推测词汇的意思，才能将词汇的位置安排正确。

第五，从经历的众多刺激中通过典型性、类似性形成代表性的案例，运用这一模式，形成范畴化。典型的案例属性越强，范畴化的作用就会越强，会更加容易形成深层记忆。在日语的学习过程中，极其容易混淆的词汇是比较难掌握的，使用典型的范畴法来说，只需要一个小窍门就可以解决这个难题，前音后训的"重箱"和前训后音的"汤桶"，这两个读音读法掌握好，事半功倍。

所以，在日语教学的过程中，要引进前面提到的认知语言学的四大支柱的内容，从而能对生成语法中的相关知识进行一定的总结概括，教师在进行备课内容的选择上可以对日语的认知语言内容进行自己的补充，从而得到一套适合自己的教学内容和方法，提高一定的教学效果。

（二）社会语言学理论在日语教学中的应用

1. 注重语言变异的教学

在日语中，因为性别、年龄、场面等很多因素的不一样，日语语言使用也可能存在很多的不一样，所以，在教师的教学过程中，一定要特别注意这一点，让学生能够正确发音。一般从几个方面来进行差别的区分，第一，在性别差异上要让学生了解到日语里男性用词和女性用词的不同。第二，让学生在年龄差异上了解到日语里老年人和年轻人用词的不同。第三，让学生在场面差异上了解到日语中敬语和非敬语的不同，让学生能够适时的选择正确的读音方式。

2. 注重学生语言活动能力的培养

语言使用者要在语言交流时，时刻注意语言使用对象的性别、年龄、语言活动的场面和社会关系。语言活动的能力其实上就是交际能力，使用交际教学法能在一定程度上培养学生的交际能力。交际法实际上注重的是学生语用能力的培养，从而实现以语言功能为目标，与社会语言学的理论要求一致的做法。角色扮演也不失为一种好方法，它能够赋予说话人和听话人特定的社会角色，在设定好的环境中，进行特定的语言活动。在进行这个角色扮演时，教师要在旁边及时的给予学生意见，让学生能够在这个过程中明白对方年龄、性别和社会关系，在场景的设置中，也要尽可能地贴近自己的真实场景，有必要的时候还可以准备一些道具来进行辅助，对于一些同样的内容，教师还可以设定不同的场景，引导学生扮演不同性别、不同年龄、不同社会关系的身份，进行多方面的尝试，让学生能够在复杂多变的情境下锻炼自身的反应能力，从而在角色扮演中提高自己的交际能力。

3.调动学生学习的主观情感因素

在社会语言学里，学习第二语言的时候，影响学习的因素有很多，但是学习者的主观条件是首要受到影响的，其他还有动机、愿望等的情感因素，所以教师在培养学生的过程中，学习兴趣是不可避免的因素，同时要积极激发学生学习的主观性。中国的学生一般在刚学习日语的时候觉得简单有趣，但教学内容的逐渐深入后，学生就会觉得难学，失去了学习兴趣。教师要能发现学生的问题，并且及时给予表扬和鼓励，同时还要积极关心基础差的学生，帮助他树立自信心的同时，改进自己的学习方法，提高自己的水平。教师在教材的选择上，要多注重教材内容的趣味性和实用性，选择学生容易接受和喜欢的内容，才能更好地进行教学。教学手段上，也要选择在进步的教学与多媒体结合的方法，让学生们在声音、图片、视频材料等多种元素的结合下学习，从而对日语有更直观的看法和学习态度。

语言和所处的社会环境是息息相关的，这取决于语言是一种社会现象的特点。如果从社会语言学的角度来研究日语，就会发现日语与说话人的社会属性、所处的场面及听话人的社会关系等都有一定的关联性。而在学生进行日语学习时，学生自身的情感也会影响学习。语言的变异教学也是教师在教学过程中不能忽视的一点，需要培养学生能够在面对不同交际对象、不同场景下的语言能力，调动起学生主动学习的主观情感因素，能够在教学方面达到最大的效果。现阶段学术界对于社会语言学在日语教学的应用研究还不是很成熟，还需要进行更深一步的研究，从而得到更多的科学反馈。

第三节 情景式教学理论研究及应用

一、情景式教学理论研究

（一）情景式教学法的定义

教师在进行教学的过程中，使用网络、计算机、实物、录音、图片等工具，利用多种方式，如辩论会、场景模拟、角色扮演、对话交流等，将教学课程中的内容模仿真实的场景展现出来，将原本晦涩难懂的知识通过模仿场景中的句型、词汇等，生动的展示出来，这个过程称为情景式教学。这种教学方式一方面对培养学生的交际能力、语言发音、情感等起到效果，另一方面也能提高学生的读写能力。能够以生动灵活的方式将原本单调的日语内容转变成生活的趣味课堂，让学生能够在举手投足之间体会到外语学习的乐趣，将外语知识进行快速的运用。

（二）情景式教学法的意义

长期以来，很多一线教师都遵循传统的日语教学法，就是"单词—语法—课文—练习"的模式，这种教学方法重视单词的分析，重视语法的应用和课文分析等，在日语学习的初级阶段能够对日语基础的学习打牢基础，提高日语的综合能力。如果在学习中一直使用传统灌输的方式，学生一直进行被动的学习，这样不利于日语的学习，学生容易情绪不积极，影响学习效率。不止是学生受到影响，长此以往，也会影响到教师的情绪，从而影响到教学质量和教学效率，尤其是在讲解议论文或者古典文这样容易使人感觉枯燥的文章时，上述的情绪可能会更加的明显，所以情景式的教学对于现代教学过程来说是非常有必要的。

为了拓宽学生的思路，可以通过场景设计的方式在班级进行讨论，从而能够让学生加深对知识内容的理解，提高学生传递信息表达思想的能力，并且很多的场景并不止于在课堂内的学习，也可以延伸到课堂外让学生可以持续性进行提升，同时又给了学生更多的自由空间。

（三）情景式教学的原则

1. 创造性原则

创造性是情景式教学的首要原则，要让学生在这个过程中认识语言并且能通过模仿的方式学习语言。可以通过多种方面来锻炼学生的技能，如听、说、读、写，可以通过多种方式来认知日语，如观察、联系、记忆、发挥、想象等。情境式教学在应用时要极力克服以往传统教学模式中的死记硬背，需要教师通过自己的知识能力帮助学生设置学习场景，能够给学生提供良好的学习环境，让学生能在日常生活交际中得心应手，语言表达能力的应用能力得到很大提升。

2. 实用性原则

情景式教学的另外一个原则是实用性原则，里面必不可少的因素就是情境，教师需要利用适合的情境进行教学，设定符合生活实际的情境，让学生更容易接受和学习。在设置情境时，一定要真实有效，所用的教具、实物和录像更应该真实，让学生能身临其境的感受学习的环境，发挥学生的学习积极性，激发学生自主学习的兴趣，提高学生的语言能力和效率。

3. 交际性原则

交际性是情景式教学的另外一个原则。在情景中充分运用真实的交际活动称为交际性。情景式教学不仅要突出听说读写四个方面的交际功能，还要便于在交际活动中进行信息交流，学生的学习兴趣只有在真实的交际环境中才能充分调动，充分发挥出自己的学习潜能。

二、情景式教学理论的应用

近几年来，我国教学领域大力推广的一种新式教学方式被称为情景式教学，主要是通过外语教学情景的设置提升学生的外语学习兴趣，提高外语的学习效率，让学生能够充满积极性，在设置好的情境中掌握好外语知识和技能，积极地锻炼自己的外语能力，最终达到提高教学质量的终极目标。教学方法的应用始终要适应时代的进步，所以在外语教学中推广情景式教学是非常有必要的，在作者看来，应该在以下几个方面去实施情景式教学。

(一)情景教学课堂化

1. 以情景的表演形式优化课堂

(1) 利用情景式教学导入日语课文

在设定情景的时候,一定要充分钻研日语课文,突破其中的难点,进行整体的设定。也要注意情景的设定要和语言的形式相吻合,将课本上的知识点进行重新组织,从中进行模拟交际或者是真实的交际,通过四个方面对学生进行训练,不断地培养学生的语言应用能力和技能。在情景设置时,一定要忠于教材,在对学生有充分的了解的前提下去设计情景,这样才能更好地提高教学效率,让学生能够由被动接受变成主动地学习。还要根据不同的课文设计出和课文的情景相关的内容,要根据文章不同的种类来分类,不能泛泛的只采用一种方式,不仅要让学生理解到情景中的语言知识,还要根据情景理解到课本中的知识。

(2) 利用情景讲授课文

教师要根据实际的情境和学生的实际生活营造真实的交际活动的情景,日复一日的增强学生学习日语的兴趣,让学生能够积极主动地学习日语。教师可以让学生积极地根据课文情景的内容去演练课本里的词语和句法,并在这个过程中提高自身的积极性,教师可以在这个过程中讲解内容,帮助学生正确理解课文,掌握外语知识,完成教学任务。

2. 通过运用情景教学增强学习兴趣

在日语课堂上可以开展情景式教学的方式有许多,如设定口语交际的情景,组织口语交流,课文角色扮演,文化交流,口头复述等等。教师还要在教学活动中安排好适合的活动,设计不同的场景,尽量的安排一些针对词汇和语法进行训练的活动,提高学生的学习兴趣,实现真实的教学目标。

(1) 利用情景激发学生日语学习的动机

在现代社会的快速发展下,网络信息化和全球化也得到了快速发展,给现在的日语教学课堂提供了很多的方便。教师可以通过多种方式来增加学生学习的兴趣,如歌曲、电影、影像制品、图片、日本歌曲、电影和电视剧欣赏等等。再从中利用学生对电影、电视剧、歌曲的兴趣,对其中的词汇、语法进行分析,增加效率。

对于日语来说,语法和词汇运用不当会给日常的生活学习造成很多麻烦,所以一定要让学生充分了解日本文化背景和日语特点，正确的运用日语，增强教学效果。

（2）设定互动节目改善课堂气氛

在情景式教学的过程中要十分注意节目的利用，它可以很好的改善课堂的教学气氛，吸引学生的注意力，培养学生的兴趣，教师应该围绕日语课文，将教学主题分成不同的环节，使其之间关系紧密互相照应。将游戏和节目引到课堂教学来，让学生对教学内容产生兴趣，在娱乐的过程中将知识印进脑海里，逐步拓宽学生的知识面，让学生可以为未来的日语学习与就业打下深厚的基础。在情景剧下的日语知识，会比单纯地教学更让学生感兴趣，节目的互动和学生之间的交流都会让学生加深对知识的理解，从而达到教学效果的最大化。

（二）情景教学校园化

日语教学和大学中的其他学科是不同的，它在本质上更加依赖于外部环境，基于日语教学的现状，在大学日语的教学过程中，应当更加注重对学生学习的环境进行创新，为学生的良好学习打下基础。但就实际情况进行分析，在大学日语课堂教学中，大部分教师仅仅依赖于课堂中的知识传授，导致在日语的学习过程中学生容易感受到枯燥疲倦，无法满足长期的教学目标，学生也无法真正学习到日语相关的知识。基于这个现状，相关的教育人员要创设良好的教学氛围，结合学生的实际情况，将日语的学习分为短期学习目标与长期学习目标，双管齐下。一方面通过长期的知识积累提升学生日语水平，另一方面通过精心设计的课堂教学使学生掌握重点内容。教师可以隔一段时间就在班级内部开展阅读活动，在课堂中留出一段时间进行阅读训练。例如，利用课余时间开展小品、话剧及演讲比赛等活动，增加学生之间的互动，不仅能够激发学生的学习兴趣，还能够为学习日语打下稳固基础，从而达到学习的最大化。

（三）情景教学生活化

一门语言的好坏能体现出来一个国家的文化程度，在大学日语的教学过程中，教材的选择内容也不是随意的，要和日本当地民众的生活息息相关。根据这样的社会现状背景，想要有效提高日语教学质量，必须要充分利用情景进行合理的教学，将教材和学生的实际情况紧密的结合，设计符合学生实际情况的教学情景。我国现代的信息技术相比较之前有大幅度提高，学生的日常生活已经和网络紧密相连了，所以在教学中，要注意日本文化和风俗的运用，如日本人对于数字4和9比较忌讳，就是因为4和9的发音类似于死跟苦。因此，日本人在进行交流的过程中，会进行省略。因此，在现代的日语教学课堂中，要多利用多媒体教学的方式，使学生能够学习到更多知识，不仅是课堂中，还要学习相应的课堂外的知识。可以利用互联网上的日语听力和翻译，也可以定期在课堂上播放日语歌曲和日语原声电影，激发学生的学习兴趣，将日本社会更加直观地展现在大学生的面前。

（四）情景教学专业化

在大学日语课堂的教学过程中，教师务必要以身作则，教师不仅要提高学生的能力，也需要逐步提高自身的语言能力，在实际的生活中可以收集与日本文化与习俗相关的知识，利用专业化的教学方式，将知识传授给学生，激发学生的参与性。从另一个层面来说，利用情景教学的方式，能够将抽象的日语知识形象化。使用这种方式，教师要对日语材料进行分析，并引导学生进行知识的理解，确保学生真正地将知识理解透彻。利用情景教学模式，逐步加强与学生之间的互动，要求学生在课外的时间进行日语单词的预习，还要收集错题本，将难点与重点进行记录，以便于教师及时掌握学生的学习情况。教师在大学日语课堂中还要注意让学生可以用日语进行简短的交流对话，组织演讲比赛与表演活动，给予表现优异的学生相应的奖励，进而激发学生的发散思维，提高对于日语的学习兴趣，实现学生在学习发展上的长远目标。

第三章 日语教学模式

本书第三章为日语教学模式，分别介绍了三个方面的内容，依次是日语教学模式概述、教学模式的应用、教学模式的创新与发展，从日语教学模式的基本理论延伸到创新和发展。

第一节 日语教学模式概述

一、日语教学模式的概念

日语教学模式本质上是在日语教学活动过程中显示出来的基本程序框架模型，这种基本程序框架模型是以一定的教学理论与教学思想为基础，在日语教学实践过程中形成的，这种基本程序框架模型能够帮助教师实现一定的教学目标，是教学理论与教学思想的具体化，也是教学经验的系统概括；既可以从长期的教学实践经验中直接概括形成，也可以先提出理论假设，然后在反复的教学实践中加以验证、完善后总结形成。日语教学模式是从教学的整体出发的，不仅是教学思想在教学活动中的具体化，更直接体现了该教学思想所主张的课程设计、教学原则、教学手段以及师生关系等内容。日语教学模式具有典型性、稳定性、程序性、简易性，并且，日语教学模式并不是僵化的教条，而是随着社会教育的发展不断、与时俱进，具有较强变通性与可行性的程序框架。

二、日语教学模式的结构

在日语教学模式中，教学依据、教学目标、教学条件、教学程序与教学评价是最主要的五个环节。

（一）教学依据

所谓的教学依据，就是教师在教学过程中应用教学模式时应该遵循的一定的教学理论与教学思想。教学理论与教学思想蕴含在每一种教学模式中，日语教学模式是一种固定的日语教学活动范式，是按照教学理论与教学思想，根据其内涵在教学实践中逐步形成的。不同的教学模式，其依据的教育理论或教学思想也往往不同。例如，传授式教学模式源于德国教育学家赫尔巴特的四阶段教学法，尤其受美国心理学家斯金纳（Burrhus Frederic Skinner）新行为主义教育流派的操作性条件作用理论的影响。其基本的操作程序是：激发学习动机—讲授新知识—操作练习—检查结果—适时复习。有意义接受学习教学模式主要依据国外学者提出的先行组织者教学理论，强调积极的有意义学习，即学生将新旧知识在头脑里发生积极的相互作用，将外部提供的材料同化进自己的认知结构。这种有意义接受学习的教学模式也有自己的操作程序，即呈现先行组织者—逐步分化—整合贯通。按照当代建构主义学习理论，探究式教学模式应运而生，它也有自己的操作程序，其操作程序如下：创设情境—提出问题—提出假设—逻辑推理—验证假设—总结提高。

（二）教学目标

教学目标是教学活动的出发点和最终归宿，也是开展教学活动的方向和预期达成的结果。在开展教学活动时，首先需要提出明确而切实可行的教学目标，并且保证教师实施的任何教学行为都要围绕该教学目标进行，教师实施教学行为的目的也是为了更快、更好地实现教学目标，在教师设计教学模式时，也必须按照一定的教学目标进行。我们在前文提到了教学模式的五大环节，其中，教学目标是教学模式的核心，制约着教学模式的其他要素的进行。教学模式的操作程序与师生组合关系是由教学目标决定的，对于教学评价来说，教学目标也能够在一定程度上充当其检验标准。教学目标与教学模式存在高度的统一，因此，教学模式的个性可以通过教学目标充分体现出来。

（三）教学条件

教学条件是任何教学模式中都不可或缺的要素，要想使教学模式在教学过程中发挥出应有的作用，就必须要满足一定的教学条件。由此可知，在日语教学过程中，只有符合一定的教学条件，才能够使教学模式发挥出最大的效力，也才能够完成既定的教学目标，所以我们可以得出这样的结论，即教学条件是能够使教学模式发挥出最大效力的各种条件的总和，主要包括教师、学生、教学内容、教学手段、教学时间与教学环境等。

（四）教学程序

任何教学模式都有其特定的逻辑步骤和操作程序，它是达成教学目标的步骤和过程。教学程序源自教学阶段的划分，并依据教学内容进行有针对性的具体设计，从而形成相对稳定的可操作的教学步骤。教学程序规定了教学活动中师生的角色和任务。在不同的教学模式中，教师与学生在教学活动中的地位、角色和作用不同，他们的组合方式和互动方式也不同。

（五）教学评价

作为教学模式的重要环节之一，教学评价是一种在教学过程中经常会被教师使用到的评价方法与评价标准，其作用是监督、衡量教学活动是否能够达到一定的教学目标。在实际教学过程中，教师都根据自己的教学进度规定了自己的教学任务与期望达到的教学目标，这就促使教师在教学过程中会使用不同的教学模式，因此，其使用的评价方法与评价标准也不尽相同，除此之外，不同的教学模式所呈现出的操作程序与支持条件也不相同。如果在一种教学模式中能够看到相对客观、全面的教学评价方式，那么就可以说这个教学模式是较为成熟的。

三、日语教学模式的特点

（一）整体性

教学模式是教学现实与教学思想的统一，它把教学活动的教学条件、教学程序、教学评价等与特定的教学理论、教学目标结合起来，共同形成有机的整体。因此，教学模式拥有一套完整的结构和操作要求，这不仅使教学模式整体发挥效用，还体现了理论上的自圆其说和过程上的有始有终。

（二）指向性

任何教学模式都有其特定的教学目标和教学条件，因此任何教学模式都有各自的针对性和局限性。既不存在普遍适用的、万能的教学模式，也没有相同标准的、最先进的教学模式。在对教学模式进行评价时，必须要考虑到这种教学模式对实现教学目标是否存在促进作用。教师在进行教学、为学生选择教学模式时，必须要全面掌握各种教学模式的特点与性能。按照教学目标、教师自身能力水平、学生的个性特点、课程需要以及教学环境等因素合理利用、改造甚至创设教学模式，不能生搬硬套、牵强附会，否则不仅无法得到良好的教学效果，甚至可能适得其反。

（三）程序性

对于教学模式来说，其除了理论上的建构，还需要将教学理论中的核心简单化，并使用一种容易使学生理解的形式将教学思想与理论表述出来，使教学思想具体化和程序化。教学模式本身的意义是为教师提供教学行为框架，便于教师理解、把握、运用和推广，使得教师在开展课堂教学活动时有章可循，达到事半功倍的教学效果。

（四）稳定性

在以往实际的教学过程中，形成了许多教学实践，教学模式就是对这些教学实践在理论上的概括，教学活动的规律也寓于教学模式之中。一般情况下，教学模式与学科内容是两种互不交叉的事物，且教学模式能够为教学活动提供较为权威的参考。而学科教学模式，顾名思义，即是按照具体的学科课程内容，根据具体的学科教学特点对某种特定学科的教学活动做参照。教学模式的稳定性不仅体现在一般的教学模式中，其在学科教学模式中同样适用。纵观历史脉络，由教学理论与教学思想产生的教学模式都具有社会性，都是社会发展的产物，与社会发展水平息息相关，每个历史时期的教育方针与教育目的也会决定这个时期的教学模式。因此我们可以看出，教学模式的稳定性也只是相对而言的。

（五）开放性

教学模式的开放性主要体现在两个方面。一方面，在运用教学模式时，必须考虑具体的教学条件，需要根据学科特点、教学内容、师生条件、教学环境等进行适当的调整；另一方面，教学理论与教学思想是与时俱进的，同时，教学条件与教学目标也是在教育教学的过程中不断发展变化的，随着时代发展出的新教学理论与教学条件能够促使旧的教学模式不断更新换代，以适应现代教学的发展。

四、日语教学模式的功能

（一）教学模式使抽象的教学理论具体化

对于日语教学理论来说，日语教学模式不仅是较为简单化的表达，也是较为系统的概括与再现。教学理论与教学思想通过教学模式，使用符号、图式、文字与关系表达等形式表现出来，教学模式可以将教学理论与教学思想理论依据的基本特征简要、全面地反映出来，教学模式也能够将较为抽象的教学理论化作较为具体的教学操作程序，使教师在教学过程中能够将晦涩难懂的知识使用恰当的方式传递给学生。从另一个角度来说，具体化的教学模式也会将教学理论与教学实践相连接，使人们能够更加容易理解或接受教学理论，从而使抽象的教学理论得以发挥其指导教学实践的功能。

（二）教学模式是对教学实践经验的理论升华

教学模式是在长期的教学实践活动中形成的，在教师进行教学实践活动时，会针对具体的教学需要对教学方式进行有针对性选择、提炼、概括与加工。因此，教学模式不仅是对已有教学活动的经验总结，还是一种现阶段教学活动中较为稳定的操作程序，这种操作程序总结了许多教学实践经验，其中具备一定的逻辑关系，对于特定类型的教学活动来说具有理论指导意义。随着对教学实践经验的概括和整理水平不断提高，教学模式也随之由低层次向高层次不断发展和完善，进而形成体系完整、指导性强的教学理论。

（三）教学模式从整体上综合地把握教学活动过程

人们在探究教学活动时，对教学各个部分研究的重视程度要普遍高于各部分之间关联性的研究。或许有学者曾经研究过教学各部分之间的关系，但也只是停留在抽象层面的讨论，往往忽视教学活动的实际可操作性。在教学模式首次被提出时，目的是为了创新现有的教学研究方法论。教学模式有利于改善教学设计、优化教学过程，也有利于教师从整体上掌握教学活动的全过程，教学模式在教学要素之间会产生相互作用，还会具备较为多元的表现形态，因此，教师要在教学活动进行的过程中，即在动态过程中不断摸索教学活动的本质与规律。

第二节　教学模式的应用

一、日语模式的选择与应用

现如今，日语教学的教学模式呈现出多样化的发展趋势，在各式的教学模式中，对理论依据、教学目标、教学条件与适用范围都有着较为具体的规定，对于现阶段的日语教学模式来说，没有任何一种教学模式具有极为广泛的适用性，也没有不存在优点或不具备缺点的日语教学模式。因此，如何合理地选择和运用教学模式是一个非常实际的问题。影响日语教学模式的选择和运用的问题，归纳起来主要包括三个方面：一是教师对日语教学模式的认识和把握情况；二是选择和运用日语教学模式的制约因素；三是选择和运用日语教学模式的过程。

（一）正确认识日语教学模式

日语教学模式是教学理论与日语教学实践的中介和桥梁，合理地选择和运用日语教学模式，不仅能够使日语教学实践获得理论的支持，还有益于促进日语教师的成长并提高其日语教学的质量和效率。然而，由于在理论层面，研究者对教学模式还没有一个相对明晰的定义，这就导致人们对教学模式缺乏全面的认识，不能正确地把握教学模式的实质。回顾有关教学模式的研究，计划说、结构说、程序说、理论说、教学范型说、策略说等都是现阶段学界较为权威的观点，但这些观点并没有将教学模式的本质完全呈现出来，而是片面地反映了教学模式的部分本质。如果将这些观点予以整合，则可以看出：一种完整的教学模式通常包含教学理论（或教学思想）、教学结构、教学设计、教学程序、教学范型、教学策略（或方法）六个方面。[①] 在学界有关教学模式的观点中，我们可以看出教学模式的本质、一定历史时期的教学理论与教学思想都能够通过教学模式呈现出来，

[①] 韩龙淑. 当前教学模式研究中面临的问题及其思考［J］. 教育理论与实践，2006，26（2）：47-49.

展示出一种完整的教学框架结构，这种教学框架结构对于提升学生的学习积极性与主动性、达成教学目标有着重要的促进作用，能够在一定程度上对教学结构与教学活动的程序提供可行性，对于基本的教学策略与方法也有着一定的积极影响。由此可见，日语教学模式应当是一种将日语学科的教学原则、方法和技术有机地统一起来的、兼具理论性和实践性的教学活动框架结构。

尽管教学模式对实施教学活动益处多多，但是在当前追求个性化与提倡变革和创新的时代，人们一方面习惯对"模式化""机械化"的东西持质疑态度；另一方面，一些人过多地创造出各种"新模式"，以至于各种模式泛滥。导致这两种现象出现的原因是人们对教学模式的地位和价值缺少正确的认识。通过分析教学模式的实质，我们可以了解到，教学模式不仅能够为教学理论与教学实践服务，还能够为教学理论与教学实践提供相互转化的平台。因此，教师只有全面客观地认识教学模式的实质、地位与价值，才会更客观评价、使用、发展现有的成熟日语教学模式。

教师在选择和运用日语教学模式前，还有必要了解和把握日语教学模式的类型特点，在此基础上根据实际的教学条件针对不同的教学目标和教学内容选用与之相契合的教学模式。这样才有利于达成教学目标，能够获得比较满意的教学效果。

根据不同的分类标准，人们对教学模式的分类情况不尽相同。乔伊斯和韦尔根据教学模式指向的对象（指向人类自身还是指向人如何学习），将教学模式分成四类：信息加工类、社会类、个体类和行为系统类。[1] 人的内在驱动被信息加工类模式所重视，人们在认知问题时，首先就是对自己能够接触到的信息进行组织，获得自身对世界的感知，从而发展概念和语言，如探究式模式、奥苏贝尔模式、发现学习模式。社会类模式利用集体的力量构建学习型群体，在课堂上创造出一种社会协作关系，如合作学习模式、抛锚式模式。个体类模式从个人发展的角度创建而来，目的是促使学习者更好地认识自己，为学习者自身的教育负责，并使学习者学会超越自我，使学习者自身变得更坚强、敏锐和富于创造力，进而追求更高的生活品质，如自主学习模式。行为系统类模式以社会学习理论为指导，

---

[1]（美）乔伊斯.韦尔，卡尔霍恩.教学模式（第八版）[M].兰英译.北京：中国人民大学出版社，2014：19.

该理论认为人具有自我运行调节系统，可以根据能够成功完成任务的信息对行为进行调整，经过不断地试错，最终完成目标任务，如传授式模式、模拟训练模式。有学者根据教学模式的主要教学目标，将教学模式分为五类：以传授知识和认知发展为目标的教学模式、以培养学生交往与合作能力为目标的教学模式、以培养学生自主探究能力为目标的教学模式、以增进学生情感体验为目标的教学模式、以促进学生差异发展为目标的教学模式。[1] 此外，根据教学模式所依据的原理及主要教学目的，可将教学模式分为三大类：发展认知能力的教学模式，如探究式模式、奥苏贝尔模式、发现学习模式、抛锚式模式；发展人格的教学模式，如自主学习模式；发展交际能力的教学模式，如合作学习模式。[2]

（二）选择和运用日语教学模式的制约因素

教学依据、教学目标、教学条件、教学程序与教学评价是教学模式的基本构成要素，而教师、学生与教学内容是教学活动的基本组成要素，综合这些因素，我们能够分析出教师在日语教学过程中对教学模式的选择与运用，需要按照以下几个方面来进行。

1. 教学目标

教学模式的运用就是为了实现一定的教学目标，不同教学目标的实现就是由不同的教学模式达到的，不同的教学模式在实现教学目标方面存在不同的特点，学生认知能力、交际能力与探究能力的培养都由不同的教学模式来实现，如有的侧重发展学生的人格。因此，要做到合理地选择和运用日语教学模式，教师首先应当明确具体的教学目标，进而选择与之相符的日语教学模式。例如，当本堂课或本课程的主要教学目标设定为培养学生的交际能力时，则可以较多地选择和运用合作学习模式；当本堂课或本课程的主要教学目标设定为发展学生的认知能力时，则可以较多地选择和运用探究式模式、奥苏贝尔模式、传授式模式。

2. 日语学科属性

不同学科具有不同的课程属性，在学科教学中所适用的教学模式也有所区别。自然学科与社会学科属性不同，其教学模式往往存在较大差异。即使同属于社会学科，经济金融类学科与语言教育类学科的教学模式也很不一样。在选用教学模

---

[1] 吴晗清.新课改以来我国学校模式研究及对它的思考［J］.教育导刊，2009（3）：11-15.
[2] 韩桂风.现代教学论［M］.2版.北京：北京体育大学出版社，2006.

式时，不能脱离日语学科的课程属性。日语作为外语教育的课程之一，兼具工具属性和人文属性，是实践性很强的应用型学科。在日语教学中，教师应较多选用有利于学生理解并掌握日语知识和技能、发展日语学习策略、提高思辨能力、形成日语综合运用能力的教学模式，如发现式、探究式、合作学习、奥苏贝尔式等；而不适合选用侧重理论知识、术语概念的讲解和训练的教学模式，如概念获得式等。

3. 教学内容

日语课程的教学内容丰富多样，既包括语音、词汇、语法等传统的日语知识，也包括听、说、读、写等日语技能，还包括情感态度、价值观以及日语学习策略等内容。针对不同的教学内容，所选择和运用的日语教学模式必然有所不同。例如，当教学内容主要为传授日语新知识时，可以较多选择和运用传授式、发现式、奥苏贝尔式等教学模式；当教学内容主要为训练日语技能时，可以较多选择和运用合作学习、抛锚式等教学模式；当教学内容主要为培养情感态度、训练思维能力时，可以较多选择和运用探究式、发现式、自主学习等教学模式。

4. 学生特点

学生特点主要包括三个方面：学生身心发展水平、学生个体差异和学生人数。处于不同年龄段的学生，其身心发展水平不同。教师在选择和运用日语教学模式时，必须考虑是否符合学生身心发展的规律及其特点。例如，在小学阶段开设日语课程，由于学生的经验知识、认知能力还处于较低水平，且课程目标多以培养学生的学习兴趣为主，因此可以选择和运用形式活泼的教学模式，如合作学习、发现式等教学模式；随着学生年龄增长，其经验知识和认知能力也逐渐发展、提高，在教学活动中可以选择和运用更多样化的日语教学模式。学习行为本质上是学生个体化的活动。学生个体的身心特点、认知能力等不仅与年龄有关，还与性别、性格、生活经验、生活环境等密切相关。每个学生都是具有独特个性和风格的独立个体，学生与学生之间客观上存在个体差异性。因此，在选择和运用日语教学模式时，除了考虑学生整体的身心发展水平，还必须考虑学生的个体差异。尤其是在选择和运用合作学习、自主学习等教学模式时，需要特别关注学生的个体差异性。此外，班级的学生人数在一定程度上也是影响教学模式实施效果的因素之一，如学生人数很多的班级就不太适合选择和运用探究式、自主学习等教学模式。即使是提倡学生分组协作学习的抛锚式、合作学习等教学模式，当班级人数很多时，如果课前准备不够细致、充分，会导致教师在给学生分配角色时不仅难以照顾到每名学生的个性特点，也难以在分组活动中针对每个学生提供差异化的帮助，从而很可能使教学模式的运用流于形式，达不到预期的教学效果。

5. 教师特点

教师作为选择和运用教学模式的主体，在教学模式的选定和实际运用方面居于主导地位。因此，在选择和运用日语教学模式时，应考虑到自身的优势与不足，充分发挥自己的长处，避免出现自己无法掌控的局面。随着自身教学经验积累和教学能力的提升，教师可以尝试选择和运用更加多样化的日语教学模式。

6. 教学评价

教学效果成绩如何，通常需要通过教学评价获得反馈信息，不同的教学评价对教学模式的选择和运用会产生激励或阻碍作用。教学评价不存在统一标准，其手段多样、目标多维、主体多元等因素，导致依据不同的评价标准获得的反馈信息很可能存在巨大差异。因此，学校或社会采用什么样的教学评价标准是教师在选择和运用日语教学模式时不可回避的因素之一。为了获得较好的"教学效果"，教师往往不得不选择和运用与教学评价标准相适应的日语教学模式。

7. 教学环境

教学环境也就是教学模式的实施条件。有的教学模式需要一定的空间场所、技术设备、图书资料等作为物质支撑。如果缺少相应的课程资源和教学手段，部分日语教学模式的实施效果会大打折扣，甚至无法实施。例如，当前在我国的一些偏远农村地区，各种课程资源还相对匮乏，教学手段也相对落后，如果选择和运用的教学模式要求通过图书馆、互联网、智能设备等收集信息材料，就难以实现。

（三）选择和运用日语教学模式的过程

在实际教学中，选择和运用日语教学模式并不是在某一堂课上完成的，而需要经过了解、选择、运用等基本环节，体现为一个过程。具体而言，大致可以分为以下几个阶段。

1. "收集—了解"阶段

日语教学模式多种多样，每一种模式都有其优势、缺点和适用范围。因此，首先教师需要收集、整理尽量多的日语教学模式，然后了解其基本的结构和特点。如果对某种教学模式根本不了解，也就谈不上选择和运用了。收集和了解的日语教学模式越多，越有利于合理地选择和利用以及提高教学效果。

2. "分析—比较"阶段

对收集到的各种日语教学模式进行分析、比较，充分把握各种模式的结构与特点，同时综合考虑制约教学模式选择和运用的各种因素，对所掌握的日语教学模式的优点、不足及适用范围等与自身的条件和要求进行对比分析。这么做的目的是判断各种模式的实施可能性和预期效果。

3. "选择—运用"阶段

经过对比分析，在综合考虑各种制约因素的基础上选择最适合的日语教学模式在课堂上实际实施。每一种教学模式都包含相对稳定的框架结构，这就要求教师在运用选定的日语教学模式时，一方面需要尽可能忠实于原教学模式，充分发挥原模式的作用；另一方面，也必须把握教学模式的灵活性，在原模式框架结构的基础上根据教学实际情况进行适当的调整。

4. "反思—改造"阶段

教师在实际课堂上运用选定的日语教学模式之后，应对实施情况进行反思和总结，内容主要包括教学目标的达成情况、教学步骤的贯彻情况、学生的反应、教师自身的掌控情况、教学整体效果等多个方面。如果出现与预期不符的情况，应分析其原因，并提出改进方案。教师通过反复运用、反思、改进教学模式，不仅能够提高教学效果，更可以逐渐形成自己的教学风格，最终将自己的教学风格升华为具有个性特征的日语教学模式。

我们需要明白，虽然每一种教学目标的实现都依赖于不同的教学模式，但是并不是说该教学模式就一定不能用于达成其他的教学目标。就现有的众多日语教学模式而言，并不存在一种教学模式能够在实现某种教学目标时更加具有实效性，但也不存在仅使用一种教学模式就能够达成某种教学目标的情况。日语教育或日语学习作为一个整体，包含多层次、多维度的教学目标和丰富多样的教学内容，教师有必要掌握尽可能多的日语教学模式。这一方面便于根据教学目标、教学内容等有针对性地选择和运用与之相匹配的教学模式，另一方面也便于对多种日语教学模式进行优化组合以提高教学效率。

二、具体模式的实际应用

（一）应用型商务日语人才培养模式

伴随社会对应用型日语人才的需求，商务日语教学已逐步取替以语言为中心的传统日语教学。应用能力的获得和提高需要经过从简单到复杂的实践过程，但所有能力的养成都依赖真实操作情境是不可能也是不合理的。模拟实践教学法是培养应用型人才行之有效的教学方法，是课堂通往社会的高速通道。本书依据构建主义理论，探究模拟实践教学法在商务日语教学中作为培养应用型人才的重要意义及应用新模式，以期为商务日语教学改革起到借鉴作用。

中日商贸关系的稳步发展，对两国经济的发展起到了推动作用，同时，社会对日语人才的要求也不断提高。随着投资领域的扩大和岗位的不断细化，过去单一的以语言为主的日语人才已无法完全满足社会的需求，因此熟悉日本商务惯例、日本社会文化知识的应用型商务日语人才成为了日语人才市场上的宠儿。在这种情况下，我国的日语教育也随之发生了新的变化，商务日语的实际应用价值不断升温，正在逐步取代以语言为主的传统日语教学，慢慢占据着我国本科日语教育的主体地位。如何培养市场所需、企业所需的应用型商务日语人才，如何全方位提升学生的应用能力等问题，是对商务日语教学提出的重大课题。

实践应用能力的获得和提高不是一朝一夕就能达成的，需要经过若干从单一到综合、从简单到复杂的实践过程而逐步形成。但所有应用能力的养成都依赖真实的操作情境，更是不可能也是不合理的。模拟实践教学法是培养应用型人才的行之有效的教学方法，是课堂知识通往社会岗位的高速通道，是培养应用型、创新型、综合型人才的有效途径，是可以快速满足人才市场需求的最佳选择。目前，模拟实践教学法在计算机、大学英语、旅游管理等教学领域，取得了众多令人满意的教学成效，但在商务日语教学中还处于探索的初级阶段。日语人才的培养目标随着商务环境日新月异的变化得到不断提升，日语教育界越来越关注模拟实践教学法在商务日语教学领域中的应用。在此，以构建主义理论为依据，探究模拟实践教学法在商务日语教学中对于培养应用型商务日语人才的重要意义，我们要积极探索模拟实践教学法在信息化时代下的应用新模式。

1. 建构主义理论依据

新世纪教学改革所面临的普遍问题是如何发挥学习者在教学中的积极性、自主性和创造性，而建构主义理论正是针对这一现实问题作出的回应。建构主义的先导让·皮亚杰是认知发展领域很有影响的一位瑞士心理学家，他认为知识是在主体与客体之间的相互作用过程中建构起来的。建构主义强调，知识不是对现实世界绝对正确地表述，而需在不断地发展和不同的情景中被重新建构。建构主义在学习和教学领域之中，受到杜威、维果斯基等人的影响。其中，杜威强调教育就是经验的生长和经验的改造；维果斯基强调个体学习是在历史社会文化背景下进行的，社会可以为个体的学习和发展起到重要的支持和推进作用。当今的建构主义者反对学习中的抽象与概括，更强调具体的情境性。布鲁纳的发现学习以及认知心理学中的图式理论，都对建构主义产生了重要影响。

建构主义理论是以学生为中心和核心的理论内容，建构主义理论要求教师在实践过程中引导学生主动对知识进行探索，并使学生主动完成所学知识内容的意义建构。理解个人与主体之间的意义与动机，是建构主义理论的目的所在，人作为行动者，具备较强的资格能力与沟通能力，对于创造与构建社会世界有着非常积极的作用。建构主义理论认为，知识是在学习者现时的社会文化背景中，在自己构建的学习情境中，利用能够搜集到的学习资料，通过借助学习伙伴与教师的力量，共同进行意义建构获得的。因此，在建构主义理论中，学习环境的要素至关重要，它们是"情境""协作""会话"与"意义建构"。建构主义理论认为，学习者只有通过记忆与背诵教师讲授内容获得的知识并不能真正吸纳为自身的能力，而学习者根据自身经验进行意义建构，才能够将教师教授的知识真正转化为自身的能力。

缩小学校学习与现实生活之间的差距，是建构主义一直以来关注的重点。建构主义理论提倡以学习者为中心，要求学生要在教师的指导下学习，既重视学习者在学习过程中发挥的认知主体作用，又将教师的指导作用摆在了重要位置。学生能够对接收的信息进行自主加工，并且能够主动进行意义建构，因此我们可以知道，学习者是具有主观能动性的，而并不仅仅是教师教学的被动接受者与被灌输者。教师能够在一定程度上帮助学生进行意义建构，而不仅仅是进行简单的知识传授与灌输。当代信息技术发展速度较快，学习环境也随着时代的发展逐渐完善，并与教师的教学实践进行了强有力的结合，已经形成了较为权威的国内外学校深化教学改革的基本指导思想。建构主义理论指导下的模拟实践教学法已经被应用性学科专业广泛使用，成为具有较强实效性的培养应用型人才的教学方法之一。

2. 内涵与意义

模拟实践教学法是理论与实践相结合的教学方法之一。是结合所需专业背景与行业特色，在教学过程中为学生建立一个直观的、与实际类似的仿真工作场景。它要求按照实际的工作内容和标准设计课题或案例，指导学生根据实际工作的操作程序和方式模拟职业岗位角色，引导学生在模拟实践操作过程中，掌握并扩大专业知识，其重点是为了培养学生解决实际问题的能力。

商务日语虽说自20世纪80年代后期至90年代初就已经出现在我国高校中，但目前，无论知识跨度的横向还是深度的纵向，都存在许多不尽如人意的地方。大多数商务日语教学方向偏重于商务语言应用能力的培养，基本上是以书面的教材为主，教学方法仍停留在教师讲解、学生被动接受的课堂教学模式。这种"填鸭式"教学模式不利于学生学习兴趣的培养，严重阻碍了师生之间的自主交流和实际应用能力的提高，导致学生毕业后无法立即进入职业角色。"纸上得来终觉浅，绝知此事要躬行。"这是出自南宋著名诗人陆游笔下的诗句，意思是说书本上得到的知识总是肤浅的，如果想要彻底学懂学透，必须要亲力亲为、亲自实践。模拟实践教学法正符合新世纪对商务日语教学改革中发挥学习者积极性、自主性和创造性的要求，满足建构主义理论学习环境下的四大要素，是加强教学实践环节的一种有效教学手段。

（1）为培养跨文化商务交际能力的人才创造有效的模拟国际舞台。在商务日语教学中，为培养跨文化商务交际能力的人才而创造有效的模拟国际舞台，即"情境"的设定，这是对模拟实践教学法的应用。学生在学习商务日语内容时，教师为学生进行的商务日语学习环境创设必须要有利于学生的意义建构。教师在进行商务日语教学设计时，不仅要考虑教学目标的达成效果，还要重视创设对学生有利的意义情境，可以说，教学设计中最重要的环节就是对学生学习情境的创设进行合理定位。

（2）有利于培养学生的协作精神。模拟实践教学法要求学生们在"协作"

中完成模拟情景中的任务或内容。学生在学习过程中必须要注重团结协作，这是因为协作能够通过学生自己进行商务日语学习资料的采集、分析与假设的提出和验证，最大程度上培养学生的集团意识与沟通能力，也有利于教师对学生的学习成果进行全面客观的评价，让学生尽快实现自身的意义建构。

（3）有利于培养学生的会话能力。"会话"是学生在学习过程中进行协作的重要环节，即借助语言来表达思维和进行交流沟通。模拟实践教学法是培养学生如何正确、合理、恰当地选择日语词汇、日语语法、日语商务专业用语等表达思想的最佳方法之一。通过相互的会话交流，整个学习团队可以共享每个成员的思维成果和智慧，是达到意义建构的重要手段之一。

（4）帮助学生积累商务实践经验。国际商务往来不仅需要丰富的专业知识，还需要实战的经验、敏锐的洞察力以及灵活的策略能力。模拟实践教学法可以帮助学生积累商务实践经验，根据不同项目的具体要求和目标培养学生的商务思维能力，同时激发学生的创新思维能力，以达到"意义建构"。因此，我们可以看出，模拟实践教学法能够帮助学生更加深刻地理解所学内容的事物性质、规律以及事物之间的内在联系，使学生对知识能够掌握得更加灵活。

3. 应用模式

商务日语教学的主要目的在于应用能力的培养，基于当前提倡的"产学研"三位一体的教学模式在条件上的不成熟，若所有应用能力的养成都依赖真实操作情境，是不可能也是不合理的。模拟实践教学法在商务日语教学中的应用突破了学生参与商务日语实践活动的时间和空间的局限，是培养应用型商务日语人才的有效教学方法。目前，高校的课堂教育提倡课时少而精。但是，既要满足课时尽量少，又要保证教学的质量和效果，势必要进行课堂延伸。在高速发展的信息化时代背景下，多媒体、互联网、移动通信等信息化工具与手段不断地发展和进步，因其即时性、开放性和互动性等优势被广泛应用于外语教学之中，也为课堂延伸提供了条件。在此，借助信息化时代的工具和手段，以建构主义理论为依据，尝试探索商务日语教学中模拟实践教学法应用的新模式，就显得非常必要。

由于现有商务日语教学的条件有限，因此以课堂为平台的模拟实践教学还是占绝大部分。但在课堂时间有限的矛盾现实下，建议利用信息化工具与手段，将情景设定、资料收集、角色分配、情节训练等环节安排在课外进行，只将模拟实践、评价、反思等环节在课堂进行，这样不仅可以有效延伸课堂，更可以让学生以轻松的心态进行充分的准备，在课堂进行自信的展示。

模式一：建议把真实的商务案例引入模拟实践教学中去，只有贴近生活、贴近现实，才能体现模拟实践教学的目的。首先，这种模式要求教师活用网络信息平台，选择具有普遍性、突出性、真实性、时效性的案例，

可采取"微课"的形式向学生进行案例分析，让学生在课堂外就可以了解商务背景、商务惯例、经济市场动向等各项信息。接下来，让学生分组进行正反面、政治、历史或社会、文化等多角度、多方位讨论。最后，在课堂上以小组为单位进行辩论与反思。课堂上的反思过程非常重要，是教师和学生共同批判性地考察案例学习过程中的分析是否全面客观、考虑是否真实妥善、解决问题是否妥当，以及从中得到什么启迪等的关键。为了尽可能地有效发挥课堂的延伸效果，师生之间的共同反思还可以通过网络平台进一步进行，这些方式有助于学生研究性思维能力的提升。

模式二：建议借助各类网络软件，设置虚拟模拟环境进行模拟实践教学。现在的大学生大多数是90后和00后，对软件的使用兴趣远远大于书本。因此，在商务日语教学中就可以采用网络模拟实践模式，让学生按照网络指令，进入软件中设定的，如日本企业、银行、办公室、谈判会场等情景中去，根据设定的商务规则，进行各种仿真模拟操作，完成商务活动或任务。这个项目可以一人或多人同时参加。这种学习方法不仅趣味性强，可控性也很高，教师可以随时通过网络了解学生的学习进展情况。兴趣是最好的老师，在情感驱动下学生能够主动地完成任务或学习内容，在娱乐中将书本知识内化为自身的智慧，有利于提升学生的自豪感和自信心，课堂达到更理想的有效延伸。

模式三：建议通过日本商务相关视频，自主想象商务情景，进行指定项目的日语商境模拟训练。教师为学生提供有针对性项目的商务视频，让学生在课后以小组的形式总结项目场景特点、语言用法、人员的座位安排以及会谈技巧等规则，并自由分配角色，围绕项目话题进行日语会话练习，之后进行课内检验。商境模拟训练更强调学生的主体作用，给学生以身临其境的感觉，让每个学生在模拟商境中担任导演、演员等不同角色。商境模拟训练需要小组成员具有合作精神和丰富的想象力，还需要具备较强的协调、交流、角色模仿和情感调整等能力。日语

商境模拟训练克服了空间的局限性，有利于提升学生的商务思维能力和综合素质能力，但因为模拟训练过程中人为因素过多，要达到预期的教学效果，教师就要承担起正确指导、严格监督和有效协调的责任。

（二）创新创业日语人才教育模式

日语人才在日益频繁的中日交往、涉外商贸等活动中加速了中日两国国际化的进程，而日语创新创业人才则是成为构建中日两国竞争优势的核心要素，日语教学模式的选定直接影响创新创业日语人才的培养。我们以影响学习的情感因素为切入点，以艺术生日语学习为例，考虑艺术生情感和认知的特殊性，提出情感化微课模式，以期发挥信息化时代下微课的实践应用效果，探索指导艺术日语创新创业人才教育的新思路。

1. 创新创业教育的内涵

创新创业教育是随着知识经济时代的到来而产生的一种新的教育思路，是高等教育中的一项重要内容，目前已成为世界性潮流。为了适应我国建设创新型国家与人力资源强国的步伐，我国高校广泛开设了创新创业教育，对促进国家经济发展，缓解国家就业压力以及推动国家教育改革具有重要意义。高校在现阶段的社会发展过程中，要根据时代与国家的建设发展要求加强创新型人才的培养力度，不断深化教育改革，加强高校内的创新创业教育建设。

创新创业教育本质上是一种实用教育，以培养具有创业基本素质和开创型个性人才为目标。创新创业教育起源于美国，在西方一些发达国家已形成了一套相对成熟的创业教育和创业支持体系。早在1947年，美国哈佛大学商学院就率先开设了创业教育课程；2005年，美国就有1600多所高等院校开设创业相关课程，形成了高校、社区、企业互动发展的创业教育系统。我国的创新创业教育起步较晚，1988年清华大学举办的"创业计划大赛"首次正式拉开了我国大学生创业教育的帷幕。

创新创业教育有着十分丰富的内涵，并不是简单的创办企业。一项活动的设计与组织、一种解决问题的方法或路径构想、一个科学研究的立项起草与申请、一种新观点的提出以及特色教学模式的探索等都应当是创新创业教育的重要内容。因此，它是一种理念，是一种创新，是素质教育的再拓展，旨在激励学生探索未知，并使创新意识、创新思维得以进步和发展，开发学生的潜能、拓展学生的个性和才能，提升学生的创造性。总之，创新创业教育是为了培养高校学生的创新创业意识与能力，因此教师应顺应市场需要，适时变革教学模式，从而促进学生全面发展。

2. 艺术日语创新创业人才教育的意义

教育部《关于大力推进高等学校创新创业教育和大学生自主创业工作的意见》指出："创新创业教育要面向全体学生，融入人才培养全过程。"习近平总书记指出："实施创新驱动发展战略，最根本的是要增强自主创新能力。"国家真正实现科教兴国战略任务，必须由创新型人才来推动。日语人才在日益频繁的中日两国交往、涉外商贸等活动中加速了中日两国贸易国际化的进程，而日语创新创业人才则是成为构筑中日两国国际竞争优势的核心要素。

目前，日语创新创业教育进入重要转型期，呈现出国际化、个性化、多元化特点。日语创新创业人才的特色化教育模式探索已势在必行。艺术生长期浸染在艺术氛围中，具有特殊的情感认知能力，如美术、设计与视觉传达专业善于通过视觉接受信息并表达信息；音乐、戏剧戏曲专业善于通过声音理解信息；表演、编导专业善于运用多种感官进行意义构建。艺术个性决定了艺术生更擅长和喜欢通过专业特长来展示自我，因此，为了提升艺术生学习日语的积极性与主动性，高校就要将艺术语言与日语有效融合，不断创新日语教学模式，使日语教学模式日益多样化。创造力存在于艺术与日语之中，它不但能陶冶、升华人的思想境界，更重要的是能够丰富、活跃、开拓人的思维。情感认知因素能够左右学习状态，并可以轻易地激发学习动机，是创意创新创业的动力源泉。在探索艺术日语创新创业人才教育新模式中，应从艺术生的情感和认知特殊性入手，利用信息化时代丰富的信息资源，寻求艺术院校日语教学的特色模式，对艺术日语人才创新创业教育、开拓和开发艺术日语学生的就业、创业附加值具有现实意义。

3. 情感化教育模式的必要性

心理语言学表明，心理现象存在于人类活动的所有领域中。心理活动的参与者不仅有感觉、思维、记忆、想象力等这些智力性因素，还有动机、兴趣、情绪、情感等这些非智力性因素。其中，智力性因素是认知活动的操作系统，主要承担着信息接收、加工和处理等各项任务，而非智力因素则是认知活动的动力系统，是认知活动的调节者和推动者。活动效果是由智力性因素和非智力性因素共同决定的。非智力性因素中的情绪和情感在认知活动中具有调节功能，能够对人类的行为和活动产生支配作用，并且引导和影响着行为的主要方向。情感是对客观事物的态度体现，伴随着认识活动过程而产生，同时对行为活动起着积极或消极作用。

当学习者处于良好情感状态时，大脑加工活动的范围将会拓宽，非常有利于唤起学习者的求知欲、好奇心和创造力，使大脑转运成为一个有效学习有机体。以轻松、乐观、愉快的积极情绪去学习可以让学习者神经放松、心情平静，更易达到集中精力、增强记忆、激发创新创业思维的良好效果。反之，消极情感则会降低学习效果，对学习造成严重的阻碍。情感表现常常随着个体的观点和生活经历而转移，所以既可以发挥动力信号的积极作用，又能成为障碍行为的消极因素。将情感因素纳入教学，渗透到教育过程中，已经成为当代教育发展的必然趋势，对提高学生的语言学习效果以及增强学生的创新创业能力具有重要意义。

第三节 教学模式的创新与发展

一、日语与慕课教学模式

"慕课"（MOOC），英文全称为 Massive Open Online Course，是一种网络课程，慕课是以信息网络作为教育媒介，通过线上形式面向大众的一种教学模式。在慕课这种学习形式中，课堂教学、知识传授、学习任务、课后作业、教学问题等环节都是通过信息网络进行的，这种教学模式存在诸多特点，其中，群体性、开放性、远程性与自由选择性是最为显著的，根据我国目前的高等素质教育的特征我们可以看出，面向世界、面向未来、注重大学生群体的素质建设是我国高校素质教育最重要的任务，这种教育任务与慕课教学的特征相吻合，慕课教学模式能够辅助我国高等教育体系的建设，实现我国高等教育体系又快又好的转型。

（一）慕课的兴起

2011年，慕课开始在全世界范围内兴起，在这个教育平台中，教育资源非常丰富，世界顶级大学的课程资源在这个平台上都能够被分享给不同领域的学习者。

同年，斯坦福大学在计算机与数学领域开发出一种名字叫作 Udacity 的网络课程平台，第二年，Coursera 平台由哥伦比亚大学与普林斯顿大学等联合创建，课程主要使用英语进行教学，同年，edX 网络教育平台由哈佛大学与麻省理工学院联合推出，随着信息网络的发展，现如今，全球范围内的许多高校都开始使用 edX 向学生授课。

（二）基于慕课的日语会话教学现状

我国高等教育正在随着社会经济的进步高速发展，我国高校外语教学也正处在教育改革的重要阶段，在这个阶段中，高校与教师对大学生会话交流以及语言应用能力较为重视。在日语专业的会话课程教学中，25 人的小班教学是最普遍的授课模式，一堂课的时间为 90 分钟。现阶段，小班模式的日语会话课程存在一些优点与不足，优点是这种课程设计能够使课堂教学更加系统、更加完整，且具备持续性，缺点就是这种教学方式较为死板，不利于培养学生对于日语会话学习的兴趣，在学生自身日语认知架构方面也存在相应的阻碍作用，慕课教学模式的兴起与发展使得高校日语教学产生了较为正向的改变。

目前，在高校外语教学过程中，慕课已经被作为最主要的信息教育媒介向全国高校普及，在我国绝大部分高校中，慕课已经成为外语教学的主要教学工具。在日语教学过程中，教师也开始使用慕课对学生进行教学，这意味着慕课对语言应用类课程发挥着非常重要的作用，而教师使用慕课这一教学工具构建起的完善与科学的教学模式能够高度符合学生日语学习的现实需求，对学生的日语学习起到了非常重要的促进作用。

（三）基于慕课的日语会话教学模式构建的创新思路

在互联网高速发展过程中，传统教学模式所拥有的优点并未全部被慕课吸收，教师在教学过程中应用慕课，极大地冲击了高校传统日语会话教学的教学模式，虽然传统日语会话教学受到了一定的冲击，但是其在长期的教学实践中，在语言交互运用与对话情景塑造方面已经形成了较为成熟的体系，与慕课教学模式相辅相成，共同为学生在知识内容的意义建构上提供可行性方案。教师想要帮助学生更好地进行意义建构，就必须不断优化、完善课堂教学体系，结合传统日语课堂会话教学与慕课教学，不断提升学生的积极主动性，为学生创设有利的教学情境。

日语会话课程教学的创新方式就是使用慕课进行教学模式的调整，这种调整并不是完全摒弃了传统教学方法，而是将慕课与传统的教学方法相结合，教师与学生利用互联网工具进行新型的教学模式的建构。在这种新型的教学模式中，对话素材与知识信息都来源于互联网，教师在向学生授课时，可以使用互联网工具进行对话素材的搜索，将搜索出来的对话素材直接应用在课堂教学中，教师在教学过程中相当于学生的"知识信息中转站"，在引导学生进行学习时，要将自身的教学思路科学化。学生作为知识信息的接受者，利用互联网工具在信息平台上与教师进行交流，借助慕课平台完成教师布置的学习任务。我们需要注意，现阶段的日语会话教学模式大多都是慕课与传统教学方法相结合，因此，教师在为学生布置学习任务时，要针对每一个学生不同的日语会话水平进行不同难度任务的布置。

（四）基于慕课的日语会话课程教学模式的构建途径

1. 利用创新工具，完善课堂组织架构

经过长期的实践教学，学界学者与高校教师发现，日语会话课堂与普通语言类课程相比，存在一个明显的区别，那就是日语会话课堂主要以语言实践为主，在日语会话课堂中，师生之间、生生之间不停地进行对话交流，课堂教学模式就是使用角色扮演的方式以对话的形式实施互动实践。因此，在使用具有创新性的教学工具时，群体性教学理念是需要贯穿教学活动始终的，简单来说，就是教师在使用慕课对学生进行教学时，可以借助音视频完成知识的传递，扩大学生的知识面。除此之外，教师要能够准确认识到学生群体的学习特点，按照学生不同的学习特点选择不同的对话素材，鼓励学生进行素材练习，深化自身语言认知结构，培养自身语言交流能力。

2. 设置课堂教学目标，突出学生主体地位

学生可以与教师在日语会话教学过程中进行互动交流，教师也可以通过课堂实践使学生重视课堂知识的客观引导机制。因此，在设置教学目标时，教师不仅要注重课程目标的体现，还要注重教学情境目标的可实现性，教师要坚持"可视化、重细化、可实现"的原则，突出目标在日语会话教学过程中的引导作用。教师只有不断激发学生的主观能动性，才能够又好又快地实现课堂教学目标，在实现课堂教学目标的过程中，教师要做到两点，第一是教师要能够利用课下时间通

过网络搜集课堂上有可能用到的日语会话素材，为课堂教学设置一个明确的主题，并在课堂教学正式开始时让学生围绕既定的教学主题展开小组互动交流；第二是教师要了解每一个学生的学习特点，使用慕课这一网络教学系统与学生进行实践交流，让学生通过网络将自己在学习中的疑问提出，教师要对学生提出的问题进行及时答疑，并评价学生在这一阶段的学习成果。

3. 创建慕课教学情景，塑造良好的教学氛围

为了使日语会话课程教学具备更强的实效性，教师就要重视对教学情景的构建，为学生创设优质的教学情境、营造良好的教学氛围。教师为了达到这一目的，可以从以下四方面进行。第一是教师要在教学过程中使用慕课工具对学生进行日语文化知识的传递，使用具体的事例引导学生提升对日语会话学习的兴趣。第二是教师要掌握学生们在学习过程中展现出来的不同的学习特点，使用慕课在网络上建构个性化课堂，将学生作为课堂教学的主体，不断引导学生提升对日语会话教学的兴趣，利用信息化教学方法、情景化教学方法与实践性教学方法不断完善学生的认知模式。第三是教师为了引导学生积极进行互动交流，要能够有目的、有选择地在课堂教学过程中根据教学进程设置不同难度的教学问题。第四是教师为了最大程度活跃课堂气氛，可以在课堂刚开始时为学生播放日文歌曲，这样也能够使学生提升自主学习的意识，同时也能够为学生营造良好的学习氛围。

因此，教师在利用慕课构建日语会话课堂教学模式时，要对慕课教学模式的特点与功能优势做一个全面的了解，然后分析每一个学生在日语学习过程中的特点，结合传统日语教学模式与慕课教学模式，设置合理的教学目标，创设能够提升学生学习积极性的课堂情景，不断优化课堂组织体系，营造良好的课堂气氛，使学生在日语会话实践教学过程中不断提升自身的语言应用能力。

二、翻转课堂教学模式

（一）翻转课堂的基本认知

高等教育正随着数字化时代的发展不断变革自身，数字化技术的发展使人们在获取知识的渠道上发生了较为强烈的变化。现阶段的课堂已然形成了一种全新的教育模式，这种教育模式是数字化时代发展的必然产物，是以受教育者为中心，

以信息化为引领的新型的教育模式，具有先进性。

随着社会的发展，信息技术与多媒体技术也在发生着变革，传统的教学模式也随之发生了许多变化，在信息化背景下，课堂教学不再局限于教室中，而是能够使用计算机借助互联网进行教学内容的教授，在线下的课堂教学中，授课工具也不再是一块黑板，而是发展为黑板与计算机、投影仪相结合的授课方式。在传统的课堂教学中，教师是课堂的中心，学生在课堂上被动地接受教师传递给自己的知识，这样做的弊端就是不同水平的学生在同一堂课中无法保持同样的进度。为了改善这种情况，教育专家进行了多年的研究，也对教学方法进行了较为彻底的变革，形成了现阶段"以学生为中心"的教学模式，对以往"以教师为中心"的课堂教学模式产生了较大的冲击。

1. 翻转课堂研究的必要性

我们从《国际教育信息化发展报告（2014—2015）》中可以看出，信息化发展已经成为当今世界的大趋势，不断推动着经济社会的发展，对于一个国家或地区来说，信息化水平在很大程度上代表了这个国家或地区的现代化水平，也能够在一定程度上体现出这个国家或地区的综合国力。

信息技术随着时代的发展不断更新换代，教育教学模式也在多媒体的发展过程中变得更加多元化。在众多的教学模式中，翻转课堂教学模式能够不断与时俱进，适应时代的发展，成为现如今世界教育界中典型的具有颠覆性的教学模式。我国曾经的传统教学模式是以教师为中心，注重教师的教授，而翻转课堂这种新型的教学模式则是以学生为中心，重视学生在学习过程中的感受。翻转课堂在我国的普及实现了由以教为主导到以学为主导的教学模式转变。

随着信息化不断发展，学生的学习需求在不断上升，传统的教学方法已经不能够满足学生日益增长的学习需求，这就会导致教师教学的实效性下降，无法满足社会发展的需要。近几年，现代教学媒体技术在发展过程中产生了"微课"与"翻转课堂"等一些新型的教学模式，并被广泛应用在外语教学中，使外语教学的实效性不断提升。

目前，高校的课堂教学正在进行轰轰烈烈的变革，其中，教学理念的变化是最为明显的，即在课堂教学中由"以教为中心"转变为"以学为中心"。

翻转课堂这种教学模式就是高校在课堂教学变革中形成的较为成功的一种教

学模式，这种教学模式能够有效提升学生的学习积极性。但这种教学模式在我国的应用时间较短，目前仍处于初级的探索阶段，翻转课堂教学模式在我国的发展还不甚成熟。

国内专家学者对于翻转课堂的研究多数集中于文献综述上，这些文献综述对国外的翻转课堂教学模式的教学流程进行了非常详细具体的研究，也产生了一些属于我国自己的对于翻转课堂教学模式的观点与评价，但我国对于翻转课堂教学模式的教学实践不多，因此，也并没有得出较为丰富的实践研究成果，由此看来，我国对于翻转课堂的研究还需要进一步加强。

2. 翻转课堂的理论依据

（1）建构主义学习理论

皮亚杰是瑞士著名的心理学家，建构主义理论最早就是由他提出的。在建构主义理论中，传统课程与教学理论都受到了较大冲击，建构主义学习理论认为，学生在获得知识时，只能通过自身的意义建构接收与掌握知识，在吸收新知识时，学生自身的经验背景也是非常重要的，其自身的经验决定了他们对于新知识是否能够分析、理解到位，并且还需要他们对新学习到的知识进行重新加工与建构，依靠自身的能力对新知识进行相应的分析、检验与反思评价。

建构主义理论认为，学生在学习新知识时，最重要的就是对于知识体系的意义建构，学生要在学习的过程中不断吸收新的知识，也要学会自己搜集信息素材，积极主动地学习新知识，改变曾经由教师灌输的传统教学模式，在现如今的教学模式中，学生要学会主动学习，而不是只靠教师向自己灌输知识。

建构主义的教学观强调重视学生学习的主动性、社会性和情境性。认为教师应改变以往的教学模式和方法，应该从高高的讲台上走下来，走入学生当中去，改变以往单方向的知识灌输，不再做知识的灌输者和主导者，改变课堂上的权威象征。教师应作为学生在学习过程中的引导者、辅助者和学习的伙伴，应该与学生以一种合作的关系相处。学生应从被动学习者转为主动学习者，应当在学习过程中，作为学习的主导，主动用教材、课件、视频等工具获取知识，然后再经过建构知识，归纳重点，总结学习方法。[①]

学生在学习的过程中应该积极主动，这是建构主义理论的核心观点，学习者

---

① 罗伯特·斯莱文著，姚梅林译. 教育心理学 [M]. 北京：人民邮电出版社，2004.

为了能够在学习过程中收获自己想要的信息，就需要有针对性进行知识的获取，并经过自己的大脑进行分析与加工，将简单化的信息转化为自己需要的复杂知识，继而吸收内化成为自己的能力。由于建构主义学习理论的核心观点是以学生为中心，因此，以学生为中心的教学方式也就是建构主义教学策略的具体表现形式。在以建构主义理论为教学指导理论的课堂教学中，以学生为中心已经成为最重要的准则，教师的角色也发生了相应的转变，他们由主导学生学习转变为引导学生学习。在这种教学模式中，教师仅仅需要帮助学生对知识进行捕捉，而获取知识与加工知识的工作是需要学生自己完成的，在这个过程中，学生也能够建立起自身的知识体系。而在建构主义理论基础上形成的翻转课堂教学模式，正是能够让学生进行独立学习的一种新型的、能够适应高等教育发展步伐的教学模式，这种教学模式能够实现教师与学生课堂角色的转变。以建构主义理论为基础的翻转课堂能够不断提升学生自身的综合能力，教师在这种教学模式中对学生进行教学，能够更好地形成教育合力，提升教学的实效性。

（2）人本主义理论

马斯洛与罗杰斯是人本主义理论最杰出的代表人物，他们提出的人本主义理论旨在使人们实现人的尊严、体现人的价值，更好地发挥人的创造力，最终使个体实现自我，人本主义理论还认为发挥潜能的本质就是要实现自我，而潜能则是一种类似本能的性质。[1]

人本主义教学观念认为，教师在对学生进行教学时，必须要与学生相互尊重，形成一种平等、民主、互利的师生氛围，在高校中建立起一种新型的情感关系，即师生之间要相互认同、相互尊重、相互理解。

人本主义理论还认为，学生是存在个体差异性的，每个人的思想不可能完全相同，因此，我们可以推断出，教师之间也会存在差异，无论是在教学方式还是在教学思想上，又或者是在给学生准备课件视频、为学生讲解知识内容方面也会存在差异。因此，教育必须要以学生为本，注重学生的个体感受，在教学过程中充分尊重学生的人格，按照学生之间存在的个体差异因材施教，促使学生身心全面健康发展，使学生形成独立思考的能力。

在新型的教学模式下，即翻转课堂教学模式中，学生是教学活动的主体，学

---

[1] 何克抗，李文光.教育技术学［M］.北京：北京师范大学出版社，2002.

生在获得知识时并不是进行灌输式的学习，而是要根据教师在信息网络上发布的视频等进行知识体系的意义建构，这是需要学生在课下进行的内容，而在课上，教师为了能够将知识教授给学生并将新知识逐渐内化为其自身能力，就必须针对学生在学习过程中的重难点进行逐一解答，这种教学方式有利于保证学生的个体差异得到充分尊重，对学生的自我发展有着非常重要的促进作用。

3. 翻转课堂的概念

（1）翻转课堂的内涵

翻转课堂这种教学模式是一种近几年才开始被教育界应用的新型教学模式，其主要是通过学生在课前进行预习，使其对所学知识有一个大致的掌握与了解，而后教师在课中对学生在学习过程中产生的疑难点进行讲解来实现的。我们可以看出，这种教学模式在很大程度上改变了传统教学模式的教学过程，将知识的讲授过程与知识的消化吸收过程进行了转换。

教师要在课前为学生准备较为充足的学习方案与教学视频，将准备好的学习内容通过网络这种媒介传递给学生，这些内容可以包括教学音视频与学习任务单，做课前准备的目的就是为了让学生在课前进行自主学习，培养其挖掘问题与解决问题的能力，以自身力量完成对知识体系的意义建构。

翻转课堂这种教学模式要求学生按照小组进行交流讨论，并在此过程中将学到的知识内化为自己的能力。在课堂教学过程中，教师为了及时了解学生的学习情况，可以对学生所学知识进行测试，在学生遇到学习上的问题时，教师首先要鼓励学生在学习小组中通过与同学们交流解决自己的疑问，其次再在课上进行统一答疑，在课堂教学的最后阶段，教师要为学生布置一些课后作业，以此来巩固学生在本节课堂上学习的新知识，教师也要对学生的作业完成情况作出相应的评价。这个过程是需要一直持续反复的，教师在这个过程中，需要不断更新对学生学习成果的评价，并在最终形成一个终极性评价，这样有利于学生将所学知识内化为自身能力，也有利于教师提升教学实效性。除此之外，翻转课堂教学模式在最大程度上实现了师生角色的转变，学生的学习自主权被大大加强，由此学生们也树立起了适合自身的学习目标，成为课堂教学的主体，主动进行知识的吸收与体系的构建。

（2）翻转课堂教学模式的特点

我国传统的教学模式非常刻板，都是由教师在讲台上为学生板书，学生被动地接受知识，在巩固本堂课知识点的方式上，一般是由教师为学生布置作业来实现的，但翻转课堂这种新型的教学模式完全颠覆了传统的教学过程。在翻转课堂教学模式背景下，教师可以借助信息网络为学生布置课前预习作业，让学生将应该在课上掌握的知识提前到课前进行，然后在课上教师通过师生之间的互动为学生解答一些他们自己无法解决的问题，使他们能够完成对知识的内化，更好地完成自己的知识体系建构。

与传统课堂教学模式相比，翻转课堂有以下四个特点：

①教学流程的改变

翻转课堂这种新型的教学模式完全颠覆了传统课堂的教学过程，我们在前文中已经提到，翻转课堂是让学生在课前将应该掌握的知识吸收，在遇到不懂的问题时，学生可以通过反复观看网络教学视频、与小组成员进行讨论等方式尝试自己解决问题，如果学生确实不能够依靠自己的能力解决这些问题，那么教师再在课上为学生进行答疑，帮助学生完成知识体系的意义建构。

②师生角色的改变

翻转课堂与传统课堂也存在师生角色上的不同。在传统课堂中，教师仅仅是利用讲台通过板书的形式为学生讲解知识，作为课堂的主导者进行教学活动，而学生只能够坐在自己的座位上被动地接受知识，其在课堂中的主动性非常低。但在翻转课堂这种教学模式中，教师与学生完成了师生角色的转变，教师由主导者变为引导者，学生在课堂上的主动权也在不断提升，教师与学生在课堂活动中的配合度不断增强，有利于提升学生的学习积极性。

③课堂时间的改变

在传统教学模式中，教师讲课占据了大部分的课堂时间，而学生讨论的环节在课堂上只占据了很少一部分时间。但在翻转课堂教学模式中，学生是课堂活动的主体，教师在课堂上讲解的时间大大缩短，将大部分课堂时间都留给学生自己解决问题，课堂时间的改变也是翻转课堂区别于传统课堂的一大特征。

在翻转课堂教学模式中，学生学习新知识的时间由课中转移到课前，而后利用课余时间在网络上进行知识的复习，吸收内化本堂课所学知识。翻转课堂教学模式能够将大部分的课堂时间都归还给学生，增强他们在课堂活动中的积极性，为了使教师的教学实效性在这种教学模式中不断增强，教师就必须能够灵活根据课堂时间组织相应的课堂活动。

④学习资源的改变

在传统的教学模式中，学生的学习资源较为匮乏，通常只包括教师为他们讲授的课本上的知识，而且教师在课堂上的教学时间是有限的，很可能无法全面照顾到每一个学生，这就会导致学生在课堂上有大量的疑问无法得到解决。但翻转课堂教学模式就在很大程度上改善了这一教学弊端，在这种教学模式中，课堂不仅有线下的模式，还有线上模式，教学活动不再完全依赖于纸质的书本与教师的板书，学生可以在这种教学模式下利用信息网络在课余时间反复观看教师对知识点的解答，这样就可以尽力避免学生在课堂上漏听关键信息的情况。

在这种教学模式中，学生拥有了更高的自主性，他们可以根据自己的学习进度安排自己接下来的学习内容，不再像以往那样被动学习，在学习过程中可以自定节奏。

（二）日语教学导入翻转课堂的意义

1. 日语专业教学现存问题

我国最大的日语教学基地在东北，这一地区的各大院校普遍设有日语专业。而各学校日语专业普遍存在的问题就是日语专业学习和英语不同，绝大多数学生基本都是进入大学专业后才从基础开始学起而非在中小学就有接触，当然专业学生中也包含了极少数的小语种日语生。

首先，在日语新生数量不够单独设置班级的情况下，就只能和非日语生进行混编。在传统课堂上，当大多数学生都在认真学习基础时，对于少部分日语生来说，就是在浪费课堂时间。

当老师针对某一知识点问询学生全体是否听懂时，由于日语生的快速理解，也会影响非日语生的学习心理和积极性。因为学生学习能力的高低，学习快慢不一的问题也存在于都是零基础的班级。于是很多院校在学生学习到一定阶段后，开始实施分级教学，把学生按照学习能力进行重新划分。

其次，语言的学习是需要语言环境的。由于课堂上需要大量讲解单词及语法的内容，会导致学生在学习课堂上日语使用率低下，不能保证每个学生都能够在课堂上对所学到的知识点及时进行反馈练习和错误纠正。此外，如果教师用纯日语授课也会使很多学生因为听不懂而出现理解的偏差，不能有效提高学习效果。

原本在基础课上学习的知识点可以利用会话、听力等课程进行专项练习，而由于每门课的独立性，教材的不一致性，课程时间的前后设置等也很难进行各门课程内容的高效结合。

现存的情况基本上是每门课程都会有一定的新单词、新语法，导致学生学习负担加重，或者出现重复单词和语法理解使课堂时间利用效率低下。

再次，学习一个国家的语言就要具体了解一个国家的文化背景。日语文字起源于我国文字，两国文化又有很多相似之处，对于国内日语初学者来说，通常会认为日语很简单。由于早期的倦怠及不良习惯的养成，随着学习的深入，问题就会逐渐显现，甚至在对日本文化的理解上也会出现很多问题进而造成语言能力的不足。

为了更好地了解文化背景提高语言能力，很多院校都开设了日本概况等相关课程，但很多学生由于学习的孤立性，很难把相关课程内容进行融合，进而导致课程学习效果不明显。

最后，外语的学习是一个需要时间积累的过程，由于当前的学生课余生活丰富多彩，课后学习时间越来越少，如何利用计算机、手机、网络的应用更好地引导学生进行学习，也是一个现存的关键问题。

人本主义认为人作为个体具有个别差异性，不同的人有不同的思考。不管是老师还是学生每个人都是不同的个体，即使学习相同的内容，接受程度也绝对不同，即使老师使用同样的教材和同样的教学方法，传达给学生的知识内容也不一定相同。

在翻转课堂模式下，学生变成了主体，理解能力不同的学生可以通过课前自己安排时间依照自己的节奏提前学习，完全由自己主导自己，因此，学习过程中存在的问题也是独立的。

基础不同的学生在翻转课堂的教学模式下可以完全进行自主掌控。有基础的、学习效率高的学生，如果简单易懂的知识点已经掌握了，那么可以快进学习其他知识点；没有基础的学生可以反复学习，不会出现课上老师讲过的知识因为走神等问题没有当堂掌握而错失了机会的问题，也不会有因为同教学班学生学习效率差异而导致的其他问题出现。

　　翻转课堂同样可以解决因每门课程中知识点重复而浪费课堂时间的问题。教师在讲解某个需要文化背景才能更好理解的语法点时也不需要觉得因浪费本课程时间而忽略或依靠其他课程，可以更有效地按照知识点进行学习而非按照课程进行学习。由于翻转课堂的自主学习是在课后进行的，也可以更有效地提高学生对课余学习时间的利用。课堂上可以更好地进行学习效果的检验和语言实际使用的训练，提高课堂的参与度和互动性，调动学生参与课堂的积极性，从而提高教学效果和学生的学习效果。

2. 翻转课堂在日语教学中的优势

　　传统的课堂教学，通常由"预习—课堂讲解—课后练习"三个环节组成，其中"预习"和"课后练习"环节需要学生课后实现知识的自我内化。而"课堂讲解"环节，以"中级日语"课程的传统课堂教学为例，教师一般按照"复习前课—导入新课—课堂讲解—课堂总结—布置作业"的教学流程来设计自己的课堂教学。从课堂时间安排来看，一堂90分钟的课程，除去前15分钟的内容复习，最后10分钟的课堂总结与作业布置外，新课的课堂讲解大约占65分钟。在这将近70分钟的时间里，以教师的课堂讲授为主，大部分学生会专注听课、认真记笔记，也有部分学生会在听课的同时，看看手机，聊聊天。就总体感觉而言，教师在追赶教学进度、认真讲课的过程中，师生互动不够，也没有留给学生更多提高语言实践能力的机会。

　　翻转课堂，即对课堂内外的时间进行重新调整，学习的决定权发生转移，从教师变为学生。因此，在翻转课堂教学模式下，课本中的教学内容需要学生在课前通过观看教师制作的微课、查阅资料等方式完成自主学习。学生需要自主规划学习内容与节奏，教师则需采用引导与协作方式，让学生通过实践获得更有效与真实的学习体验。与之相对，课堂则成了师生互动的场所，主要包括答疑解惑、所学知识的实践运用等。概言之，就是教学形式由传统的"教师课堂教学+学生课后自学"翻转为"学生课前自学+教师课堂检验+学生课题实践"。

　　这种教学模式的转变，使课堂的作用发生改变，学生不再单纯依靠教师来获取知识，教师更多的责任是理解引导学生更好地自我学习和运用知识。

3. 日语教学导入翻转课堂的可行性

在高校日语专业教学中导入翻转课堂具有较高的可行性，具体表现为以下三个方面。

（1）教师方面

现如今，高校日语教师队伍中年轻教师是中坚力量，他们具备较强的创新意识，对于新事物的接受程度也较高，这一代年轻教师对于信息技术的掌握程度也非常高，他们非常乐于使用新型的教学模式进行教学活动。

（2）学生方面

目前，高校培养的大学生综合素质与能力都较强，自主学习意识极高，也能够进行较为系统的自我管理，在翻转课堂教学模式中，他们能够很好地完成教师为他们布置的课前学习与课堂实践的任务。除此之外，大学生在该阶段的年龄特点决定了他们对于新事物的接受程度普遍较高，并且，勇于展现自我的特点也有利于他们进行语言实践。

（3）教学环境

经济社会的发展带动了互联网技术的进步，相应地，用于学生网络学习的先进设备也开始在家庭与学校中普及，这为翻转课堂在我国的发展提供了条件，同时，教学环境的改善使得日语网络资源逐渐丰富，这有利于新型教学模式在高校课堂上顺利开展。

4. 日语教学导入翻转课堂的作用

目前，高校日语课堂教学已经将翻转课堂教学模式作为一种普遍的教学模式，经过长期的教学实践，我们可以明显地看到学生对于日语学习的积极性有了显著提升，这给我国日语教育的发展带来了利好态势。下面，作者将对高校日语课堂教学应用翻转课堂后的效果作出评价。

（1）缩短学生间的差距

在同一个班级中，学生们的学习成绩肯定会有所差异，若某些学生专业课成绩较低，久而久之就会对日语学习丧失兴趣，拉大与成绩优异学生的差距。因此，为了避免这种情况发生，让不同程度水平的学生共同进步，高校就要积极转变日语课堂的教学模式，将翻转课堂应用在课堂教学中，让学生利用课余时间进行自主学习，在学习的过程中找到自己感兴趣的方向，不断提升自己对于日语学习的兴趣，最终提高自己的日语成绩。

教师要时常督促日语成绩较差的学生反复学习未掌握好的知识内容，并将有疑问的知识点记录下来，在课后向其他同学或教师寻求帮助，不断提升自身的学习能力，努力缩小与其他学生之间的差距。

（2）提高学生学习的主动性

以学生为中心是翻转课堂教学模式的核心，在这种教学模式中，学生是课堂的主体，学生的自主学习能力在这种模式下被大大提升，有利于学生及时发现自己在日语教学中的不足，不断提升自己的日语水平。同时，教师也可以在课堂教学过程中实行分组教学，通过为不同水平的学生创设合适的教学情境，让学生在愉快的学习氛围中发现自己的缺点并加以改正。

（3）活跃课堂氛围

传统的教学模式是一种"填鸭式"的教学模式，学生在掌握日语知识时常常是被教师进行有针对性的灌输，而翻转课堂这种教学模式提升了学生学习的自主性，教师由课堂的主导者转变为课堂的引导者，在课堂中起到活跃课堂气氛，引导学生自己发现问题、解决问题的作用，使学生在欢乐轻松的气氛中逐步实现自身知识体系的意义建构。

三、输入理论与二外日语教学模式

随着全球化的逐步深入，中日两国的贸易与文化交流也呈现出了良好的发展态势，中小型日资企业与从事对日业务的国内企业数量不断增长，企业的发展导致了社会对日语翻译与交流人才的需求量大大增加，许多企业也为应届毕业生提供了宝贵的出国工作的机会。除此之外，中日两国在旅游与文化交流领域的互动也在不断加强，在学生们选择第二语言选修课时，日语已经成为大家优先选择的课程之一。但是在世界范围，日语的使用范围比不上英语，这就导致学生语言输入与输出的机会并不多。但我们知道，外语的学习必须存在语言输入与语言输出，这样才能保证学习者提高自身对日语学习的认知。在外语学习的研究领域，有许多重要的理论，其中，以语言学家克拉申的输入理论最为典型，下面，作者就基于该理论对现如今日语教学中存在的问题与如何创新教学模式进行分析。

(一)外语学习的"输入假设"理论

外语学习因语言环境、投入时间以及学习者个人认知习惯不同,学习的策略和进度也各有差异。但有一条规律是被普遍遵循的,即学习者必须接受适量且符合其学习能力的语言输入,这条规律也被众多语言学家的研究观察所证实。例如,哈次和瓦格勒对个案学习外语的成功和失败原因进行分析,发现进步的学生获得了足够的与其语言能力相适应的语言输入,而不成功的学习者接收的语言输入大多是复杂且超出其语言能力的输入;我国著名外语教学法研究专家李冠仪教授基于其50多年的教学经验总结得出的心得是,在有限的篇幅内融入充分的,符合学习者当时语言能力的语言输入量,以保证学生获得足够的感性材料。而最早引起广泛重视的输入学理论是克拉申的"输入假设"。

"输入假设"的理论依据来源于儿童学习母语的实践研究,著名语言学家Krashen(克拉申)将母亲教授儿童的语言称为"照顾者语言","照顾者语言"具有的几个特征是:照顾者说话的动机是被听懂,如父母对小孩说话,是为了让小孩了解自己在具体在表达什么,指向什么,希望得到怎样的应答,而不是灌输语言本身的相关知识和技能;照顾者与被照顾者讨论的一般是当下具体的对象,不会过多涉及超出被照顾着认知和理解范围的对象。但照顾者会根据被照顾者认知水平的提升,逐渐扩展语言输入的范围;此外照顾者与被照顾者之间对话的语言结构比成人之间的对话要简单很多,但对话的频率相对更高。"照顾者语言"的特征与输入假设的印证点在于照顾者根据被照顾者的水平阶段,调整语言输入的内容、结构和频率,使之与照顾者的语言能力和认知水平相接近,即提供充足的可理解的语言输入,也穿插了下一阶段需要学习和认知的内容。

克拉申的"输入理论"中定义的理想输入应具备可理解性、相关且有趣、非固定语法模式以及足够但适宜的输入量四个特征。可理解的输入材料是被习得的必要条件,不可理解的语言输入无法与现有语言认知融会贯通,强加的印记存在时间极其短暂,甚至只是一种干扰和噪声;输入的语言关联性越强、趣味性越强,就越能激发学习者的兴趣,因此需要对输入材料的内容和形式进行加工处理;语言学习的最终目标是掌握使用语言的技能,而语言的使用没有固定的范式,因此语言习得关键在于保障充足的可理解输入材料,而不是按照语法安排死板的教学内容;最后,输入量必须充分且适量,在真正习得语言之前,需要经过反复和不同场景下的练习。

（二）二外日语教学存在的主要问题

根据"输入假设"理论分析二外日语教学，其中存在的问题主要有以下几个方面。

日语语言环境欠缺导致语言教学可理解性不高。缺乏良好的语言环境是小语种教学普遍面临的困境，日语教学也不例外，学生在学习和使用时缺少本土气息的氛围。日语教师绝大多数是中国老师，汉语教学在授课中经常出现，尽管很多学校和老师已经意识到沉浸式教学的重要性，尽可能地使用日语授课。但由于教学过程还停留在书面化的传统阶段，无论是教师授课还是课堂活动都过于形式化和编排化，因此这种教学和互动本身就需要经过复杂的思考和"刻录"，才能在短暂的联系中表达出来，与实际自然理解和交流存在本质区别。此外，围绕"教材"进行的教学，严重制约了学习者对日语相关知识的拓展，学生缺乏对语境的理解，包括社会、文化背景等。因此，学生对日语的认识和使用是机械化和程序式的，没有养成日语思维，在实际交流中容易紧张，严重影响进一步的学习。

教学内容活动关联性和趣味性不强。尽管日语教学越来越注重互动式和场景化的实践，但实际操作过程中却没有达到预期的效果，课堂活动的关联性和趣味性不强。例如，教师和学生的互动对话被一问一答取代，教师按照教材的教学计划往前推进，不停地向学生提出"懂了没""什么意思""翻译一下"等问题。学生处于不对等的对话中，容易失去自主性和积极性。按照理想的"照顾者语言"理论，照顾者会持续观察被照顾者的习得水平变化，持续优化输入内容和形式，并注入适量强关联新内容。而二外日语课堂学习时间有限，复习或者拓展学习主要依靠学生自主学习。课堂上教师为了增加学生的自主性和积极性，也会留出大量时间给学生自主学习和互动。但在缺乏有效引导和规划下，学生自主学习和计划的内容关联性和递进性都很不理想；课堂小组活动缺乏周密的计划和设计，一方面小组活动往往只提出一个主题，没有明确的计划和指向，具体的沟通交流由学生自己发挥，而大多数情况下学生是不会提前进行充分准备的。另一方面是小组的划分比较随意，实际讨论中习得水平较高的学生往往比较活跃，占据主动，而习得水平落后的学生则几乎没有充足的发挥空间。

有效语言输入量不足。外语学习必须要经过持续积累的有效语言输入，并在持续地运用中才能转变为技能。二外的选择一般都是基于学习者自身定向发展规划或者兴趣的需要，选择日语作为二外的学习者一般对日本文化有强烈的认同或对日常工作有非常明确的规划。但与英语的系统化、阶段化的持续输入不同，二外日语学习专业训练时间有限，而现有课堂教材和课件无法在短时间内将充足的有效语言输入都囊括在内。特别是面对不同习得水平的学习者，标准化的教学模式和计划无法为每一位学习者提供匹配且足量的语言输入。

（三）基于输入理论的二外日语教学模式研究

我们在前文分析了现阶段二外日语教学存在的问题，将克拉申的"输入假设"理论应用在二外日语教学中，我们就可以发现，在改革二外日语教学模式时，可以从以下几个方面来进行。

1. 创造良好的语言学习环境

在对"输入假设"理论进行实践时，学校必须要为学生创设良好的语言学习环境。现如今，随着经济社会的发展，高校的教学技术不断精进，教学资源也不断丰富，因此，在高校中创设有利于学生学习的日语语言环境已经具备了非常成熟的条件。为了达成这一目的，高校应该做到以下两点。第一，不断改进课堂的学习环境，教师要不断提升自身"照顾者语言"的运用能力，对每一个学生在不同阶段的语言习得状态做到心中有数，并根据这些学生的身心特点及时转变自己的语言技巧、语言结构与教学计划，这样才能够保证学生在每一个阶段接收到的语言输入都是最符合当下语言水平的。在这样的要求下，教师应该提升使用日语进行课堂教学的频率，而尽量不在课堂上使用汉语与学生交流，这样才能够为日语学习者营造学习语境，加快学生对日语知识的认知与吸收。第二，高校可以通过开设日语动漫社团、举办日语歌唱比赛等活动为学生营造有利于日语学习的环境与氛围，这样可以最大程度为学生创设语言输入的环境，让学生在课后不断巩固课上学习到的知识点，完成对自身知识体系的意义建构。

2. 开发智能化和系统化的日语学习资源数据库和学习软件

"输入假设"认为，学生在进行语言输入时是存在较强的关联性与趣味性的，要想不断提升学生对于日语学习的实效性，就必须督促学生对学习过的内容与学习素材进行定期的整理，并按照语言习得的规律系统化自身的知识结构。现如今，随着高校日语教学的不断发展，教师已经可以在互联网上为学生搜集到海量的日语教学资料，尽管如此，由于学习者具有不同的特点，他们对资料系统化的过程中是非常艰难的。现代社会，计算机技术与网络技术高度发达，二外日语教学的教材与网络资料可以被教师广泛应用，并根据这些资料编出符合不同水平学生的教材，开发出智能化与系统化的日语学习资源数据库与学习软件。这种资源数据库与学习软件能够对学生日语学习的学习进度与学习成果进行实时反馈，能够更好地辅助教师发挥"照顾者语言"的作用。日语学习的趣味性就是指现代化教学内容与工具的发展，能够通过影音视频与社区活动等使学习者进行沉浸式的学习，而非传统课堂中对于词句与语法的刻板教学。

3. 注重日语文化的融入

学习者在学习外语时，本国与外国的文化差异是最难以克服的，外语学习者在本国长期生活工作，已经形成了母语语境下的思维方式与表达方式，这对于外语学习来说是一个非常大的挑战，学习者在将日语作为第二语言学习的过程中，不可避免地会受到母语的影响，因此，我们可以推断出，如果外语学习者在目的语国家进行语言学习，会比在母语国家学习效果更佳，这就是因为学习者会在很大程度上受到一个国家文化的熏陶与影响，更加深刻地了解当地的语言文化、习俗等。比如说，两个文化背景不同，但具有相同语法与词汇知识结构的学习者，处于目的语国家的学习者在说话的语气、心情与神态等方面就会比处于母语国家的学习者更地道。这给我国二外日语教学提供了非常重要的启示，即必须重视日本本土文化的融入，在课堂教学中有意识地为学生传递一些日本的历史、文化与社会习俗等方面的内容，从而使学生将自己学习到的知识点与日本社会进行更好的连接，使其在与同伴及老师进行语言交流时更加自信，而不是只将语言当作一种表达工具。

四、建构主义理论与日语教学模式

自从建构主义学习理论出现以来，教育学界就将其认作是认知学习理论的分支存在，学习环境与学习模式是建构主义理论尤其重视的内容，经过长期的教学实践证明，学生对于建构主义学习理论中的"互教互学、研讨式学习模式"非常感兴趣，这种学习模式能够在极大程度上提升学生的学习积极性。建构主义理论认为，学习者获取到的知识并不全部依赖于教师的传授，而是取决于自身对知识体系的意义建构。建构主义理论将学生与教师的地位进行了平衡，教师在课堂教学中的主导地位不复存在，以学生为主的课堂教学模式被建立起来并被大众接受，继而在教育学界广泛运用。高校也在日语教学过程中应用了这种教学模式，并不断改善现有的日语教学模式，为日语教育的发展注入源源不断的动力。

（一）建构主义理论对教师的要求

1.建构主义理论指导教学

建构主义理论是需要所有高校日语教学教育者认真了解掌握的，教师只有在课前充分准备教学内容，才能在课堂上与学生进行良好的互动，也才能为学生营造良好的学习氛围。教师要想不断提升教学的实效性，首先就要为学生创设良好的学习环境，为学生用心组织每一次课堂活动，还要及时活跃课堂气氛，提升学生的积极性。传统的教学方法以教师为中心，但是在建构主义理论出现后，日语教育者就要积极改变自身教育模式，重视教学目标与教学设计在教育中的比重，为了让学生在日语教学过程中培育出自主学习的精神，教师就要以培养学生身心健康发展为目标，积极创设对学生有利的教学情境。例如，教师在教学过程中为学生讲述某一话题时，可以以小组形式让学生对这一话题进行讨论，在讨论结束后为学生讲解一些关于日本的语言文化与习俗，并让学生分享自己对于这些内容的观点与评价。除此之外，教师还要督促学生积极查阅与日语教学相关的文献资料，并以小组的形式陈述各自的观点，也可以让学生将自己想要表达的观点通过表演的形式展现出来，提升课堂的趣味性。

2.通过激发学生兴趣提高其学习积极性

教师在教学的过程中必须关注学生对于日语学习的兴趣，只有学生对日语学习感兴趣，才能最大程度提升教师教学的实效性，也才能帮助学生更好地进行知识体系的意义建构，久而久之，学生的学习效率就会显著提高。传统的教学模式是一种仅由教师灌输知识的"填鸭式"教学，并不能真正提升学生对于日语学习的积极性，因此，教师要学会借助新型的教学模式增强学生的学习自主性，帮助他们进行知识体系的意义建构。

3.通过创建良好的语言环境加强学生对日本文化的体验感

现阶段高校开设日语教学的目的是为了不断提升日语专业学生的语言综合能力。社会经济的不断发展已经决定了高校在培育学生时，最终目标是使学生具备跨文化交流的能力，而这种能力对于学生对目的语国家文化了解的要求非常高，但高校关于文化方面的日语课程非常有限，这就导致了高校学生虽然能够收获流畅的口语交际能力，却无法真正融入目的语国家的文化中。众所周知，我们在学习一门语言时，不仅仅是学习语言本身，更重要的是学习这门语言背后所蕴含的文化，为了让学生能够更切身地体验日本本土文化，教师就要加强对学生的文化教育，不断利用一切可利用的资源拓宽学生的知识面与文化视野，增强学生对于日语学习的积极主动性，不断为社会输送优秀的日语翻译与交流人才。

（二）建构主义理论与日语教学形式

当代教育背景下，社会要求学生具备基本的日语阅读能力和较为突出的日语翻译和听说能力，而这也是日语专业培养学生的基本目标。高校开设日语专业用以培养日语专业人才是为了适应社会对日语专业人才的需求，使日语专业毕业生能够适应社会的需求，将日语作为自己交流和接收信息的工具，在自己的工作岗位上更好地服务客户，实现自身的社会价值。

然而，在传统的日语教学中，大多数日语教育者一般将自己作为课堂上的主导者。以教师为中心对学习者实施控制和支配，让学生处于被动状态，只是被动地接受"填鸭式"的日语教学，根本无法发挥学生的积极性和主观能动性，学生无法在接受教学的过程中进行互动，久而久之，学生的学习热情和兴趣就会有所下降。同时，传统的日语教学方式存在很大的缺陷，提高记忆能力是学生提高学习效率的关键，尤其是记忆教师课堂上的教学内容。虽然这一过程是学生记忆单词或者课文的方式，但是对学生来说并非出自主动意愿，而是教师强加的任务，因此达不到预期的效果，根本无法激发学生学习日语的积极性，更不可能提高学生在日语学习中思考和构建框架的能力，这样培养出来的学生是无法达到专业要求的。此类传统教学模式是守旧的、是没有创新精神的，培养的日语专业的学生也是不可能适应社会需求的。

建构主义理论的日语教学模式是不主张将教学形式拘泥于课堂之上的。如今，互联网如此发达，充分利用网络资源以及广阔的交流空间可以调动学生的积极性，培养学生专注的学习习惯，优化日语学习的氛围，从而实现提高学生日语学习积极性的目的，使学生在良好的教学氛围和学习氛围中提高学习效率，增强学习兴趣，享受师生之间以及生生之间的良性互动过程。在运用建构主义理论的过程中，教师可以在教学过程中融入互联网元素，使学生在开放的信息资源环境下获取自己所需的信息，从而培养学生自主学习的意识。

作为当代日语专业的教师，在课前或课后给学生布置一些与教学内容相关的作业，不仅可以使学生课后继续日语的学习，同时也增加了学生对网络的认识和应用。学生在完成课后任务的同时，判断、观察和推理能力得到了更多的锻炼，其实践能力也得到了提高。同时，学生若是在完成任务时遇到困难，便会寻求同学或朋友的帮助，这也极大地锻炼了学生交流合作的团队意识和能力。因此，我们可以发现网络资源在日语专业学生学习中所发挥的卓越作用。如今，我国高校日语教育面临着无法为日语专业学生提供全日语交流的环境，用以锻炼学生日语的各项综合能力的难题。本应予以高度重视的高校日语角也没有完全推广，学生一周只有一次机会与同学或者外教进行日语交流，而一周一次的交流机会根本满足不了学生对日语的训练要求。因此，高校日语教育需要充分合理利用网络，顺应时代的发展，从而成功解决这一难题。

高校日语教育者应该充分利用网络的无空间、时间限制这一特性，以社会需求为依据，关注日语专业学生的发展，为学生创建一个良好的日语学习环境和日语交流环境，使学生的综合能力得以充分提高。但在日语学习的过程中，高校应当严厉遏制对学生学习乃至身心健康不利的网络资源，严格监督学生对网络的使用情况，加强校园网络的监管，禁止学生浏览不健康网站。

（三）建构主义理论指导的日语教学模式策略

1. 创建互动和开放式教学环境

使用建构理论改革传统教育模式，能够在一定程度上提升学生的学习主动性，消除以往教学模式的弊端，利用互联网延伸教学时间与教学空间。此外，教师与学生应当为营造良好的教学氛围共同努力，并在这个过程中实现良好人际关系的建设，保证学生身心健康全面发展。

教师想要为学生营造良好的教学氛围与课堂环境，就必须在教学过程中信任学生、尊重学生，尽自己最大努力建设良性的师生关系，保证学生在课堂教学过程中的主体地位，增强师生间的互动，使教学活动充满趣味性，不断提升学生对于日语学习的兴趣，为学生创设合适的学习情境，让学生在学习情境中更深层次地理解日语这门语言。在交互式教学中，还可以提高对学生的提问频率，通过为学生创设游戏情境加强学生对知识的掌握程度。教师在做教学设计时，要仔细思考学生是否能够将教学内容最大程度的吸收，重视学生对教学内容的反馈，并根据学生的反馈对教学内容作出及时、合理的调整。交互式教学这种新型的教学模式在培养学生日语语言的表达技巧与语法知识方面有着非常重要的促进作用，并且可以帮助学生更好地掌握已经学过的知识，教师也可以通过交互式教学更好地发现自身在教学过程中存在的缺陷并及时加以改正，切实提升教学的实效性。

2. 发挥小组互动学习的作用

学习语言的最终目的就是为了交流，学习者要想实现自身日语水平的进步，就要抓住一切机会进行语言输出。高校也应当利用校园中一切可供利用的资源为学生营造良好的学习环境。在实际的日语课堂教学过程中，教师可以让学生组成学习小组，在协作中共同学习、共同进步。在具体实行时，这种学习模式必须要建立在教师对学生的身心特点已经非常了解的基础上，这样才能够最大程度帮助日语专业的学生进行全方位的学习，完成自身知识体系的意义建构。在学生群体中划分日语学习小组有以下三个作用。第一，学习小组能够对教学内容进行巩固与深化，学生在小组内交流合作有利于他们更深刻地了解课堂上所学习过的内容。第二，同一学习小组中学生的学习层次大致相同，这个小组内的学生通常也具备相同或相似的兴趣爱好，因此，划分学习小组在学生建立良好的人际交流关系上有着积极影响，也能够使学生合理把握自己的学习进度。第三，划分学习小组也能够使教师的教学方式多样化，教师可以使用游戏、演讲等方式充分调动学生对于日语学习的积极性，不断提升学生的综合能力。

总而言之，高校广泛应用以建构主义学习理论为依据的新型教学模式，能够突出学生在日语学习过程中的主体作用，帮助学生更好地进行知识体系的意义建构。建构主义学习理论能够帮助学生更加了解自身的学习情况，增强学生对日语学习的认知。

第四章 日语教学中自主学习能力的培养

本书第四章为日语教学中自主学习能力的培养，依次介绍了传统学习方式的弊端、面向未来的学习观、教学中激发学生学习兴趣的策略、日语自主学习能力的培养措施一共四个方面的内容。

第一节 传统学习方式的弊端

我们已经处于社会文明高度发达的 21 世纪。但是，反观我们的学校教育，仍然有许多需要反思与检讨的地方。一个我们必须重视的问题是，现在我们的教学方式还有很多停留在成绩至上和分数至上的思想层面，主要采用的教学方式是填鸭式教学，学生们认为学习就是死板的背诵，学习的目的就是考试。

应试教育的负面影响力是非常大的，它通过多门学科的考试，将成绩较高的学生们从学习过程中选出，让许多学生从学习中败下阵来，让他们的自尊心和自信心都受到了一定程度的损害，无法从学习的过程中获得成就感和兴趣，逐渐失去了使用创造性思维的能力。这样的现象和"学会学习"的教育理念是相反的。我们现在应该做的，就是要将过时和陈旧的传统教育模式抛弃掉，使用方法更先进的学习模式，这是当务之急。传统应试教育的学习方式有这样的特征：学习的目标不是为了培养学习的思维；学习的模式是固定和僵化的；学习的内容是死板的书本知识；学习的主体作用是被动的学习；学习的原则是以理论为本；学习的方法是背诵和考试；学习的效果要靠考试分数来评定；学习的效率是统一的；学习的时间是固定的；学习的环境只在校园中。著名物理学家杨振宁先生尖锐地指出了传统教育与学习方式的弊端："中国教育方法（东方的传统）是一步步地教，一步步地学。传统教学方法训练出来的学生，可以深入地学到许多东西，这对于他进大学考试有许多帮助。但这种教法的主要缺陷是学生只宜于考试，不宜于做研究工作，因为研究工作所要走的路与传统的学习方法完全不一样。传统的学习方法是人家指出来的路你去走，新的学习方法是要自己去找路。"①

以上就是传统学习方式的主要特征，这些内容和现代社会发展的速度是不相适应的。总的来说，我们可以通过以下的三个方面对这一问题进行具体的说明。

一、传统学习方法科学性不足，不利于发挥人类学习的潜力

从心理学科的研究理念出发，人类的大脑潜力只被开发和利用了十分之一。还有十分之九的潜力没有被人们认识到。这一情况主要是长期以来传统学习方法的使用导致的。在传统的教学和学习过程中，人们利用的是机械记忆法和"刻苦努力"的学习精神。记忆知识的内容多少成为学习成果最主要的考察目标，学习过程中尤其注重的是理论知识，而对实际操作的锻炼和实践活动并不是很重视。如果任由这样的单一学习方法继续下去，就会导致大脑的两个部分出现使用失去平衡的现象。1981年，美国主要研究大脑结构和功能的斯佩里博士通过研究发现了这样一个事实，日常生活中使用的抽象思维能力，如书写、语言表达和认知分析等内容都和大脑左半球的使用密切相关，而平时的形象思维能力，如对空间的认知、对复杂关系的理解、对事物的变化理解能力等内容主要是通过大脑的右半球进行的。所以，我们可以这样说，人的能力和思维既和左脑的能力有着很密切的关系，又能和右脑的功能联系在一起，如果想让人的才能和思维能力达到很高的发展水平，就必须让大脑的两个部分实现充分的结合。然而，在现实的情况中，人的学习活动都偏重到了左半脑进行发展，使得左半脑的负担太大，经常出现使用疲劳的情况，学习的实际效果也不能够得到保证。与之相反的是，右脑的练习和使用不足，不能像左脑一样达到很高的发展水平，发挥不了相应的作用，这样人的大脑就不能够得到充分的利用和开发，造成左右脑的发展失衡，阻碍了人脑的发展和开发，造成了人才利用上的一个极大"误区"。为了提高左右脑使用的均衡性，不仅要对传统的学习方法进行改变和调整，还应该改变传统的学习观念，如"质量""刻苦"等观念，从而让学习的方法更加科学化，使人的潜能更好地发挥出来。

---

① 马新峰.杨振宁论中美教育之差异[J].河南工业大学学报（社会科学版），2006（01）：78-79.

(一)教学过程过于枯燥

日语作为一门语言课程,学生在一开始学习的时候就会遇到很多的困难,如接触新的语法、单词等知识,这些内容比较枯燥,学习起来有很大的难度,学生如果对日语的兴趣不足,可能会很快失去学习的动力。但是日语教师在教学的过程中,很少重视学生的学习心理,学习的模式比较僵化,从课堂一开始,就向学生灌输相关的课本知识,学生的兴趣没有被教师激发出来,学习的实际效果也不可能太好。

(二)教学反馈不够

学习语言知识是不可能一蹴而就的,只有将前面的知识完全掌握了,后面的学习过程才能够更加顺利。这样的基本学习规律对教师的教学水平和监督能力提出了要求,教师要在教学时要经常对学生的学习内容进行检查,检查学生是否已经牢固掌握了语音和语法的知识,只有使用一定的监督手段,学生的学习才能更加有基础。但是,从现实的学习情况上看,教师在课堂中的权威地位较高,不够重视学生对课堂的反馈。师生之间的关系不够灵活,也不够亲近,教师主要是讲课的一方,学生是接收的一方,形成一种固定的模式。

(三)教学手段相对落后

使用传统的黑板+课本模式虽然能够改善教学的效果,但是这种方法比较单一和死板,很难让学生对学习产生十分浓厚的兴趣。而且大学生的思维能力较强,对有趣的知识更感兴趣,如果仅仅依靠从前的教学方法,学习效果很难得到提高。

二、传统学习的内容单一,难以适应社会对人才素质的要求

如今社会中的竞争十分激烈,竞争的根本还是对人才要求的竞争。

为了更好地适应未来社会的发展,我们不仅要学会传统的学习方法,更重要的是学会自主学习,有创造力的学习。根据学者们的研究,我们可以总结出创新性学习具备这样的心理品质:不满足于现在掌握和已经学会的知识;不随意地相信别人总结出来的结论;对客观世界的知识充满着很强的好奇心;对于自己不了解的知识,也能够积极地找到学习的方法和途径;敢于从自己的知识领域出发探

索新的领域，并具备冒险精神；能够敏锐地发现自己需要的知识并开展批评性学习；在面对困难的时候，要学会充分利用好自己的才智；要有非常高的耐力，具备较强的责任心和自尊心；对很多学科的知识都有浓厚的兴趣，并对创造性较高的工作具备很高的兴趣。这些品质都是创造性学习中应该具备的，创造性的学习应该从这些心理上的品质着手，开展创造性较高的工作和学习内容。在未来社会的发展中，需求最高的就是创造性的人才。据学者的研究，一个受过高等教育的人，他一生中只有10%的知识是在大学中学习的。有一位研究生在谈到学习心得时讲道："在大学的学习中，学习的内容应该是有次序之分的。第一重要的内容是培养和训练科学的学习方法，然后让自己从内心深处接受知识带给人的力量；然后才能够开始选择自己未来的发展方向和专业的知识结构。"展开来说，没有一种学习的内容是可以维持终身的，这样的知识存在着很多的不足。对于不同的人来说是这样，对于整个人类群体来说也是同样的道理。所以，我们说现代人才最重要的素质是思维的能力，还有灵活和独立使用知识，并和实践相结合的能力，自己在面对问题时，应该学会独立地分析相关问题。一些学者提出了这样的观点：未来不会存在没有知识和文化的文盲了，文盲变成了不会灵活使用知识的人，变成了不会自己变通知识的人。在传统的学习过程中，较为看重的是对知识内容的学习和掌握，看重的是对过去人们已经建立起来的知识体系的继承和学习，而忽视了对未来学习领域的创新和发现，忽视了对自己学习能力的培养和提高，看重的是对知识的继承，忽视了对知识的发扬和创新。学习过程中造成的片面性问题，也影响着人们解决问题的能力。

　　日语教学除教科书以外，还有许多其他教学资源。这些教学资源可以从不同角度加以分类，如有形资源和无形资源等。受思维定式的影响，一般人对资源的认识存在一定偏差，认为教学资源；是有形实物，如教科书、录音带等。其实，用全面的观点看问题，就会发现日语教学资源是一个复杂的系统。日语教学资源既包括有形资源，也包括无形资源既有校内资源，也有社会资源，既有硬件资源，也有软件资源；既有文化信息，也有个人经验。为此，正确认识日语教学资源系统，分析和研究该系统各要素之间的相互关系，是日语教师和教育研究者需要认真思考的问题。

　　这里仅从有形资源和无形资源的角度加以分析。

（一）有形资源

随着现代教育技术的飞速进步，教材的概念已经有了多方面的扩展。日语教材到目前为止，所谓有形资源至少包括教科书、教师教学用书、练习册、补充读物、工具书、挂图、卡片等直观教具，录音磁带或CD、VCD、广播、录像带或CD-ROM、DVD-ROM、幻灯片（PPT）、电影、电视，播放录音、录像、电影、电视等的相关技术和设备。其中，教科书、教师教学用书和练习册、补充读物、工具书、挂图和卡片等属于纸质资源；录音、广播、录像、影片、幻灯等属于音频或视频资源；而播放设备的录音机、录像机、电视机、计算机、CD、VCD或DVD播放器、语言教室、多媒体教室属于硬件资源。

纸质资源是自古以来教学利用最多、最普遍的资源，音像资源和硬件资源是随着科技进步逐步运用到教学中来的。特别是外语教学，必须开展听、说、读、写技能训练，不同教学资源在不同时期对学生学习日语、培养运用日语交际的能力都发挥着不同程度的作用。

（二）无形资源

日语教学中除了有形资源，还有无形资源，如软件资源、网络资源、信息资源、文化资源、个人经验等。与有形资源相比，无形资源往往容易被忽视，但现在无形资源的作用越来越凸显，在日语教学中充当着重要角色，发挥出潜在动能。例如，软件资源中的计算机辅助教学软件、文字处理软件已经被广泛应用，只要打开计算机，输入日语或学习日语都会用到这些软件。多媒体制作软件在日语教学界也用得越来越多，几乎所有开设日语的学校的教师和学生都会用多媒体软件制作相关课件，开展教学活动、交流学习成果等，可谓大有用武之地。

这里，我们以软件资源、网络资源、个人经验为例，说明无形资源的潜在动能给日语教学发展带来的巨大变化。

1. 软件资源

软件资源中最重要的组成部分就是软件程序，我们在使用电脑过程中运用最多的就是 Disk Operating System，缩写就是 DOS，是一种用于磁盘使用的系统性软件，具有中介的功能，将人和机器更好地联系在一起，让人类在使用机器的过程中，脱离了枯燥的硬件使用方法，脱离了枯燥的指令和命令，用一种较为简单和快捷的 DOS 命令，实现对日常操作的绝对掌控。DOS 还能够控制和命令各种软硬件的资源，并将它们合理的安排在一起，更合理的发挥出自己具有的功能。另外，在教学的过程中，教师对电脑的使用是不可避免的，几乎每天都在使用电脑进行工作和备课。

日语教材在利用新媒体方面也有进展。为了更好地为教学一线服务，华南理工大学出版社发掘优势出版领域——日语出版，搭建私域流量池，建成"华理日语"新媒体矩阵，有效实现社会效益、经济效益、品牌效益的多赢。光盘相当于一部电子书，教师上课时可以点击目录，直接进入教科书的任意一页。画面上的局部内容可以适当放大或移动；有录音的地方点击按钮可以发出声音；点击书中的图片，可以显示相应的单词和读音；习题也有相应的互动。这与只有录音带或 CD 的时代相比，进一步方便了日语教师的课堂教学。

在社会日语教学方面，为了丰富学习资源、提高学习效率，国内发行最为广泛的《中日交流标准日本语》在新版的基础上研制了手机应用程序，其内容包括五十音图，各单元课文、生词、重点语法讲解、练习等文字资料以及与书本内容配套的所有音频资源。这些利用新媒体技术开发的教学资源，使日语教材正在逐步构建围绕核心教材的立体化格局。

2. 网络资源

网络资源是一种信息内容方面的集合，记录的方式是使用数字化的技术，通过多媒体的形式进行表达，将资源储存在各种光介质、计算机磁介质以及各类通信介质中，最后使用计算机的网络内容将信息内容结合在一起。网络资源富含各种形式的与教育相关的知识、资料、情报、消息等，如电子报刊资源、数字化书目内容、数字化文献信息、电子文献库、电子数据库等。网络资源也包括了以电子数据的形式将动画、文字、声音、图像等不同形式的信息储存在光盘等新型的载体之中，并通过计算机资源、网络技术或其他终端方式体现出来的信息资源。网络资源可以借助计算机等设备进行共同开发、生产和传递。与传统的信息资源相比，网络资源在数量、结构、分布和传播范围、载体形态、传递手段等方面都显示出新的特点。

网络课程是网络资源的一种，是通过网络传递日语学科教学内容及实施日语教学活动的一种教学方式，是信息时代下日语课程新的表现形式。其中包括了教学的目的、教学的内容形式和网络教学支撑环境。网络教学过程中使用的各种授课工具、教学的资源内容和在教学平台中进行的各种教学活动都是网络教学支撑环境的内容。网络课程具有许多基本的特征，主要为自主性、协作性、开放性、共享性和交互性。

一些网课根据日语学习者的需要，将《新版中日交流标准日本语》初、中、高级按照各课顺序进行讲解，在原书基础上增加了随堂小练习、词汇分析、文化背景介绍等部分，结合文化差异进行讲解。网课教师善于采用启发式教学，让学生带着问题学习，并适时归纳总结。这样的网课对自学者非常有帮助。然而，由于网课影响面大，任课教师的一言一行对参与网课的学生都会产生不同程度的影响，所以网课内容要编排丰富，教师要循序渐进，讲解清晰，语言规范，练习设计生动、有趣，进行阶段复习让学生温故知新。如何在不见面的网课中充分调动学习者的积极性，使学习者主动参与到日语教学实践中来，与教师和其他学习者实现一定程度的互动，是网课建设应该思考的问题。

网络教学支撑环境的建设需要多方面的努力。尽管现阶段还做不到，但考虑到网络课程的特殊优势，未来利用互联网开展日语教学也是一种选择。毕竟互联网可以打破地域和国界，有利于教学单元模块化，这种可以通过电脑实现学生与教师、同学之间的多向互动的方式，更容易激发学生的学习热情。

3. 个人经验

个人经验往往是一种容易被忽视的教学资源。日语教学中的个人经验包括教师的个人经验和学生的个人经验。

（1）教师的个人经验

教师的个人经验包括他的信念和价值观是如何形成的，是否具有坚实的日语学科知识基础，采用什么样的日语教学方法，如何对待学生的日语需求，如何处理日语教学与社会大环境的关系，如何处理同事间在日语教学问题上的分歧与冲突等诸多方面。说到日语教师的成长，人们往往更关注他们的专业素质，如掌握的日语知识和运用日语的能力，而教师作为一个独立的人，学习和生活经历，如何在中日文化交流中建构知识、形成跨文化交际意识等问题则往往被忽视。

日语教师的职业生涯与其个人的生活经历密切相关，日语教师要不断成长，想要搞好日语教学工作，就应该充分认识和探索自己个人经历中的重要事件和人物，从中获取营养、启发和力量；不断反思自己的日语教学实践活动，在教学过程中总结经验、教训，再把它们应用到日语教学中去，促进自我发展。教师的发展不仅是教学技能等专业知识的发展，更应该是自我发展。自我发展可以促使教师有更高的精神追求，是日语教师专业发展的内在动力。

语言与文化影响着一个人思维方式和行为方式，身处不同的文化背景，讲解非母语的另一种语言时，外语教师的知识建构和行为方式必然受到不同文化因素的影响。日语教师在条件允许的情况下，应该争取更多的赴日学习机会，近距离地接触和感悟日本文化，使自身的跨文化交际意识和能力得到提高。日语教师向学生讲述自己学习日语的经历，与学生分享自己学习和教学日语的历程、心得、体会，也会对学生产生言传身教的影响。教师的跨文化意识和能力的提高，会直接影响学生的文化意识，能有效影响学生对多种文化的学习热情。当代的日语教师是教学资源的开发者，其自身经验也是教学资源之一，因此，日语教师可以经过努力，使自己成为灵活的、有创造性的"活教材"。

（2）学生的个人经验

在日语学习过程中，学生们既有共同的学习经验，也有各自的不同的学习方法和独特体验。例如，看过的日语电影、电视，读过的日语书籍、报纸、杂志，听说过的日语故事，凡是有关日语或日本社会、文化方面的东西，都是组织班级活动时可供利用的学习资源。让学生用自己学到的日语知识相互启发、取长补短，也可以成为日语教学活动的重要一环。

有些学生还有过与日本人交际的实际体验，他们或随父母在日本生活过，或在国内与日本人有过交往，这些同学的经验是日语教学中的重要资源。请他们在班级里讲述或笔录个人的体验，现身说法，是扩充学生的日语知识、提高他们学习兴趣的好方法，也是促进学生之间沟通日语学习经验、交流学习体会的重要手段。

如上所述，无论是教师的个人经验还是学生的个人经验都是一种重要而无形的教学资源。

由以上分析可以看出，与有形资源相比，无形资源具有更突出的优势，因为无形资源的内容适应性较好，而且也能够应用到更广泛的范围之内。从广泛延伸的角度出发，无形资源能够进入到多个国家和地区的教学活动中，也可以只在学校、年级或班级等较小的单位中使用，甚至具体到个人的使用层面。从适应的角度上看，无形资源可以多次利用，并在使用的过程中进行多次的检验和修正，不断提高资源的准确性。正确看待无形资源，有助于我们更全面、更准确、更深刻地认识日语教学资源系统，并树立起新的资源观，这在理论上和实践上都具有重要意义。

此外，社区和社会机构的支持，也是一种无形资源。充分利用这些无形资源，有利于从社会生产、社区生活的真实需求出发，在真实的环境中习得和巩固知识和能力。为学生提供真实的学习环境和机会，也有利于推动21世纪核心素养的教育实践。同时，学生核心素养的获得也会给社会带来许多回报，包括经济、环境、金融以及道德等多个方面，学生的个人发展能够带动整个社会的发展。

三、学习方式效率不足，难以承受信息社会知识激增的压力

国外一个著名的学术团体曾对人类学习问题进行了专门研究，他们在1979年发表的研究报告中指出：如今人们学习过程中存在的问题，主要反应在社会知识变更速度的加快、知识量的增长与传统学习方式中。新一代社会成员，不仅要了解人类已经创造出来的知识经验，更要了解正在探索和创造中的知识。人类社会新的发明、发现，正以惊人的速度上升。著名学者华莱士曾对19世纪的发明数量进行了统计，发现这一个世纪的发明超过了人类文明之前所有发明的总和；而20世纪的发明数量又超过了19世纪，特别是近几十年的尖端技术，如电子计算机、原子弹、氢弹、宇宙飞船、人造卫星、遗传工程、基因工程、人工智能等等，生物学的研究也进入了分子、亚分子的层级，天文学则可以让人类从更加古老的时间开始研究世界。随着认识领域的扩大和认识层次的深化，提出的问题也就越多，从而需要探索的未知世界也越来越宽广。新的学说如雨后春笋般出现，新的信息如浪潮般汹涌而来，如果没有一种高效率的学习手段，将怎样及时地接纳和处理这浩如烟海的知识信息呢？知识无限，生命有涯，要有所作为，必须千方百计提高学习效率。

毋庸讳言，传统学习方式应该到终结的时候了。我们应该能够感觉到学习在人类生活中占据着很重要的位置，每个人在其一生中都应该不断学习，在社会生活中，人们必须学会高效的学习方法。

第二节　面向未来的学习观

学习观，是一种人们对学习过程总的看法和观点，是人们在学习过程中总结出来的。在过去的学习方式中，占据着主要地位的是维持性学习，这种学习主要是指对过去人们总结好的知识进行学习，主要面向的是已经出现的和重复发生的情况。这种学习的方法，主要应对的是过去的情况，对未来的情况考虑较少。这样的学习一个特点，它的观点认为智慧和真理都是过去的知识，所以说在学习的基本内容或者是课程的设计中，人类社会发展的需要不是根本的目的，对未来的发展制订计划不是根本目的，掌握生活的技能和知识不是根本目的，根本的目的是升学和就业，所以人们在学习的过程中都带着很强的功利性。因此，这种学习观对学习的认识又带有很强的维持性色彩。

但是在当今世界里，由于全球问题体现出来的对人类的挑战，使人类的学习也面临着更严峻的挑战。在这种情况下，如果人们仍然持有传统的学习观，仍然把人类广泛而深刻的学习活动局限在学校内部，那么，这种学习可能成为人类社会进步的阻碍。所以，必须剔除掉这种较为陈旧的学习观，建立一种更加符合人类社会发展和自我提升的学习观。

一、树立开放式的日语学习观

这一学习观的具体内容是：积极看待学习的价值和作用。这种学习观并没有完全否定学校中所学知识的内容和作用，而是认为，学校教育依然在人们的学习中发挥着重要的促进作用，是一种很好的学习知识、促使学习进步的有用手段。但是，这个学习观最为重要的一点是，希望学校的教学可以给学生带来多方面、更加立体的知识。并且认为，人获取知识的途径不仅仅只有学校教育一种方法，学校教育的作用虽然比较重要，但不是唯一的。在现代社会和未来社会的发展过程中，人们必须能够学会学习，最重要的是学会运用多种的方式进行学习，终身学习是人们学习的一个重要要求。这一要求能够促进未来社会的不断发展，可以帮助人们更好地应对未来发展的挑战。如果认为"学习"是一个基本的途径，那么学习既能够获得知识也能够帮助人们更好地生活；如果说它是一个过程，那么这个过程就和人类的一生紧紧相伴。

二、树立自主性的日语学习观

这种自主性较强的学习观，包括了以下的三个方面。第一，这种学习观认为学习的内容应该从学习者的根本要求为出发点。它要求环境中的一切外在影响和因素，都必须符合学习者内在的学习需要和需求，学习者在学习过程中，应该掌握比较主动的地位。第二，它还认为学习的活动应该有着较强的创新性和探索性。探索既是学习新知识的一种有效方法，又是学习自觉性的有力表现。它坚持反对那种灌输的方法和把学习者当作知识容器的理论。因为那样只能使学习者学习的热情和创造才能被压抑乃至被扼杀。第三，这种方法观认为在个人的发展过程中，学习者的作用是最重要的。也可以这样说，学习者学习的积极意义不仅仅在学校的学习中起到很大的作用，还可以作用于人们的生活和个人发展，也就是人们主导自己的学习行为。

三、树立创新性的日语学习观

创新性的学习观根本目的不是为了解决过去发生的问题，而是为了解决未来即将发生的问题。学习是一种训练的过程，目的是为了适应新的困难和问题。所以说，创新性的学习就具备了这样的两个特征。第一点是"预期性"。预期性的内容就是选择更加适合未来发展的事件，并为这些事件的发展进行努力，对需求性较小的事件和有危险的事件进行剔除，并创造出新的更具有创造性的事件。通过对这一内容的学习，可以帮助人们不断发展处理新的、从未出现过的问题的能力。总结出来就是，预期性的内容主要是为了更加强调学习的目的是面向未来发展的，学习的出发点是面向未来可能出现的事件的，所以，"预期性"的学习和传统"维持性"的学习有着根本上的不同。另外一个比较重要的特征就是"参与性"。"参与性"最重要的是要发挥学习者自己的主动性。个人如果要学习，就要学会怎样在社会的环境中生存，社会中的学习则要依靠个人和团体的活动进行。在衡量一个人学习的潜力时，最重要的就是要提升个人在社会中的活动参与度。新的学习观不但要求人们学习未来一定要使用的内容，并且在学习中要有所创造，提出一些新的方法和技术，并且在创新的同时学习者也使自己的创造能力和创新能力有了一定的发展。

至此，我们可以发现，与传统的学习观不同，新的学习观是一个开放的学习观，它承认人类所有知识的价值，又不满足于已有的知识；新的学习观强调学习的自主性，反对在学习问题上的任何灌输和强迫行为。新的学习观是面向未来的学习观，它强调人类的所有学习活动都应该是为解决未来不可知的事件做准备的活动。新的学习观其实更为强调学习的相关概念，让人们更重视学习的作用。新的学习观还强调自学在人们学习活动中的地位，承认自学应有的价值。新的学习观认为，在学习的过程中，人们应该学会自学，并且自学还在不断地发挥着重要的作用，为终身教育的实现作出了突出的贡献。

四、树立社会文化理论的日语学习观

到了 20 世纪 80 年代的时候，詹姆斯·兰道夫等学者将维果茨基等学者的理论应用到了语言学习的领域中，并逐渐形成了较为独立的学科理论——社会文化理论（Sociocultural Theory，简称 SCT），为语言学习提供了重要的研究意义和指导意义。社会文化理论最重要的理论是中介、内化、最近发展区、搭手架等内容。

（一）社会文化理论的学习观

社会文化理论和其他的语言学习理论相比，突破了过去仅仅关注语言本身学习的视角，而是更为重视在社会和交流的环境中进行学习的行为，并且更为关注学生学习的具体进程，它研究人类是如何借助语言的媒介在社会中进行人际交流并进行文化交流的，这一理论认为人首先要受到社会文化和历史因素的影响，因此认为学习的行为首先要在社会中发生，最后才作用到人的身上，认为学习者的学习需要在社会成员的帮助下，才能得到更好地提升。所以说，学习的行为应该先是社会的，然后才是人类的心智层面上的。

（二）社会文化理论的日语学习观

1. 语言是认知活动的中介

社会文化理论认为中介的调节机制在人大脑的认知活动中起到了很大的作用，人们通过中介的作用和世界社会产生各种各样的联系，这里所说的中介可以是具体的事物，如树木和房子等，也可以是人类社会中创造的符号和语言等，如

音乐和美术等。所以我们可以根据这一理论推断出，语言也是一种中介，并且是符合人类发展过程中最为重要的一种中介。人们可以利用语言进行思考，语言是一种工具，起到了传送信息和意义的作用。

2. 日语学习可以受到"学习支架"的有效调节的

所谓"学习支架"，就是在学习过程中所采用一系列的辅助手段。在本处是指日语学习是可以受到"学习支架"的有效调节的，也就是说日语的学习是在教师或者专家的辅导中完成的，也可以在个体之间的交流和协同合作中完成。对于刚开始学习日语的学生们来说，学习者的潜能要靠指导性和协商性的活动激发出来，提高学生学习的积极性和主动性，避免学生出现过多的学习挫败感。

3. 日语学习是需要内化的

在学习的环境中，需要学习者进行积极的意义构建，他们可以通过自我的活动或者是他人的活动对学习内容进行调节，使集体的学习活动转变为个人的内心自主活动，这样就能够更好地解决问题，理解知识的内容，达到学习的目的。

当学习的活动从集体转向个体时，学习者内在思想的调节会通过语言发挥作用，在知识的学习和吸收过程中，只要自己的内心活动产生作用，学习就开始向心智内的类型转变，最终达到知识的内化。在这个过程中，学习者会产生多种不同的学习表现，如自言自语、模仿等活动。多样的形式都是许多不同的机会，可以帮助学习者进行积极的练习和重复语言，并且帮助学习者进行目标结构的假设和对基本句式的练习。这些过程的形成都和新知识的程序化密切相关。

内化的过程不是一种简单的输入过程，而是学习者自主的学习和吸收过程，在这个过程中，不是简单的知识叠加，而是根据自己的认知架构进行知识的分析；不是一个线性的发展过程，而是一个渐进方式的改造内化；不是一次性的过程，而是螺旋式上升的发展过程，学习者的知识就在这个过程中实现了升华和提高。

4. 日语学习应与社会环境相结合

社会文化理论中提出的提问法，着重于说明学校之外的社会中出现的种种问题和实际事件，并主张在实践的基础上结合不同层面的社会问题，提高语言知识和实践之间的联系，学习者应该在学习的过程中发挥个人的主观能动性知识，在学习的过程中具备批判性理解的能力，使用正确的方法对社会作出自己的理解。日语的学习不是"填鸭式"的学习，而是应该用提问的方法对学生进行引导，帮助学习者更好地用语言处理现实生活中的各种问题，在分享的过程中提升自己的交流能力。

5. 日语学习应与其他多元能力相结合

第一个是学习者的交流能力。尤其是在与专业人士交流的环境中，更能够提升自己的日语水平。

第二个是外显指导能力。这个能力可以让学习者实现机会关注，并得到相应的训练，最后达到提升语言使用能力和相关规则使用水平的效果。例如，在实际的交流过程中，不仅仅要使用表达中需要的词汇和语法，还要具有组织语言的能力和观点，让他人能够更好地理解自己想要表达的含义。另外，在实际的交流过程中，要能够选择出适合交流的用语，还要使用一定的社交技巧提高交流的实际效果，避免成为话题的终结者。这个能力能够帮助学习者理解和掌握这些方法，也能够提升学习者的描述能力和表达能力，并结合情景的表达效果，发展自己的元语言水平。

第三是学会使用批判性的思维。这个思维方式能够帮助学习者更好地参与到活动中，并对活动中各种观点进行分析和思辨，通过对这些复杂观点的分析，更好地理解对话的环境和情景，如政治的、经济的、文化的、社会的情景。如果学习者具有批判性的思维，就能在实际的对话场景中运用这种能力，提高自己的理解能力，在认识世界的过程中就可以使用更加广阔的视角。

第四是学会使用合作的能力。学习最先开始是在社会中发展的，后来发展到个体之间的活动，因此，合作在学习的过程中是不可缺少的。学习者们要学会相互信任，共同开展学习的任务，积极进行互动，这样学习起来才能有效，这就是学习开展的基础。

第三节 教学中激发学生学习兴趣的策略

一、激发学生的日语学习兴趣的重要意义

大学的日语课程有着不同于其他阶段日语学习的特点，这一阶段的学习需要记忆的词汇量比较大，还需要形成日语应用的思维体系，同时还具有实践氛围较小、应用范围广、语法结构多、词汇量大的特点。在以往的大学日语教学过程中，

大学日语教师的教学方法受到学校环境的约束，一般只能采用"理论灌输"的方法，为了快速强化学生的日语基础，教师一般会在教学的过程中使用系统性的词汇和语法知识帮助学生学习。

这样的教学模式虽然能够帮助学生快速地掌握日语基本知识，形成日语的理论基础。但是缺失了学习过程中的趣味性，学生不能在学习过程中运用自己的能动性。如果学生在学习的过程中遇到了问题，很容易就放弃了对知识的探索，形成学习过程中的恶性循环，最终影响到自己学习的成绩。为了解决这类学习上的问题，学者们建议对日语的教学模式进行改进，以提升学生的学习兴趣为任务，在满足学生学习需要的基础上创新日语的教学模式，帮助学生进行积极思考，提高思维能力，提高自己的学习效率。所以，在开展大学日语的教学活动时，教师要根据学生的差异性对日语教学方法进行创新，将日语的教学过程和日常生活联系在一起，让学生逐渐加深对日语地位的认识，深刻感悟到日语在生活中的重要性，从而让学生主动开展学习的活动，提升应用日语的能力。

二、以多样化的教学激发学生的日语学习兴趣

（一）改变传统教学模式，突出学生在教学活动中的主体地位

知识更新换代的速度也会随着科技的发展而加速。人们应该抛弃掉大学的知识可以使用一辈子的想法。过去人们所说的学校教育已经成为狭义上的教育定义。学习不会因为学校教育的结束而宣告结束。所以，我们也应该认识到，学校的教育有时间上的局限性，教师的管理和知识传授活动不会一直跟随着学生。师德高尚的教师想将自己的毕生所学都传授给他的学生，但是知识是看不到尽头的，教师在学校教育中不能将所有的知识都传授给学生。所以日语教师不仅仅要教授给学生日语的知识，更重要的是要传授给学生学习的方法，并培养学生日语的实际交流能力和跨文化交际能力。

其实《高等院校英语专业教学大纲》（2000）和《大学英语课程教学要求（试行）》（2004）中都有对"改变原来的那种教师为中心的传统教学模式，突出学生在教学活动中的主体地位"等内容的说明。这些内容中所表达的教育理念是对过去理念的突破和创新。在培养复合型日语人才的过程中，也要重视对学生跨文化

交际能力的培养。为了实现这个目的，我们需要对教育进行改革，要让学生真正成为教育和学习的主体，发展学生的创新能力和创造性，要想让学生自己主动的学习，就要使用协作学习和自助学习的方式。所以我们可以这样认为，只有学生成为学习过程的主体，才能够发挥自己的能动性积极学习。传统的教学方式，看似能够将知识快速地传递给学生，实际上课堂还是以教师为主体，学生学习的积极性还是得不到重视。学生如果在课堂中一直处于比较被动的学习地位，学习时也就感受不到真正的乐趣，也就不能够从心底提高对日语的学习兴趣，这样培养出来的学生也很难具有较强的跨文化交际能力和日语表达能力。

学生学习的积极性不能依靠硬性的要求形成，而是要从学生的内心深处传递出来的，因此，在短时间内很难培养出学生的自主学习能力。日语教师应该发挥积极的引导作用，让学生感受到教师非常重视学生的意见和建议，从而主动地参与到教学的过程中。有学者认为，教师能够在学生主体意识的培养过程中发挥非常重要的作用，尤其是在初级日语学习的过程中，使用游戏教学的方法，能够有效地提升学生的主体意识。在突出学生主体地位的教学过程中，教师不能够一直处在传授知识的位置上，学生也不一定总是处在被动接受地位。在科技不断发展的社会中，学生掌握的知识量有时并不亚于老师，因此教师应该和学生一起学习，有时学生学习获取知识的途径比老师还多，老师有可能还要从学生那里获得最新的知识。我们应该认识到教的主体和学的主体并不是固定的，而是应该根据实际情况进行变化。这种变化也促进了教学相长的形成。

（二）精讲多练、积极营造日语学习气氛

如果要对传统的教学模式进行发展和创新，强调学生的主体地位，教师就不能够在课堂上担任传统的角色了。但是日语作为一门语言，学习的难度比较大。在学习日语的过程中，如果缺乏教师的指导作用，学生就不能够掌握好日语的知识，也就无法具备专业上的竞争力了。所以教师应该将知识点讲精讲细，在学生学会学习的方法之后，巩固所学的内容，并加以练习。《高等院校日语专业基础阶段教学大纲》中也新增了"在课堂教学中，必须坚持精讲多练，采取以练为主的原则，将学生学到的语言知识和已经掌握的语言技能有机地结合起来，并逐步熟练"等内容。所以精讲和多练是很有效的教学方法。多练是指多次和反复的练习，提高练习的频率。为了让练习能够达到事半功倍的实际效果，教师应该使用多种形式的练习方式，这样的不仅可以培养出良好的学习氛围，还能够提升学生的学习积极性。

如果学校有教学条件的话，可以让外教和日语母语者参与到语言的教学活动中来，在课堂中使用国际交流的方式，不仅是日语教师，留学生、日本企业和合资企业的日籍工作人员所讲的日语，都能够给学生带来一种在日本现实社会中交流的氛围，而这种交流的氛围正是中国日语课堂中所缺乏的。在实际的体验和交流中，可以让学生对许多高难度的表达方式和词语有更好地理解，进而掌握用法，在这种实际场景的交流中，学生可以学会很多课本中接触不到的口语知识，能够提升学生学习的主动性和积极性。

但是有些院校在教学条件上有所限制，无法为学生提供和日语母语者交流的环境，在这种情况下，就更加需要日语教师发挥引导的作用，为学生提供日语学习的氛围，网络和多媒体手段也能为教师所用。这样的做法不仅能够拓宽学习的时间和空间维度，更重要的是可以让学生使用最先进的方式开展学习活动，在快乐的氛围中学习，提升日语语言知识储备的同时，也能够提升学生学习的积极性。

（三）有效利用各种日文原版影视资料，进行多媒体教学

在以往的教学模式中，影视资料的使用通常只出现在视听说的课程中，并且使用的频率并不高，大部分的课程都是教师讲授，学生在课下的时间进行练习。这样缺乏趣味的教学模式随着时间的推移，会让很多学生感觉到学习的过程是枯燥乏味的，逐渐对学习失去耐心和兴趣，另外，虽然单一的练习方法让学生掌握了大量的知识，但在实际的交流过程中很难运用所学的知识，这会让学生对自己学习的成效产生怀疑，甚至还会对教师的教学水平产生怀疑，从而失去学习的积极性。如果在教学的过程中，重视多媒体的作用，让教学的内容和图像、声音等结合起来，就可以让学生充分调动起自己的多种感官捕捉学习知识，从而让学生在学习的过程中收获兴趣，众所周知达成目标的前提是喜欢这件事情。在对日语产生浓厚的兴趣之后，学习的过程也变得轻松了，学生能够在充满趣味的氛围中学习，教师也能够顺利完成自己的教学目标。需要注意的是，教师也不能够在教学的过程中过于依赖多媒体的手段，应该适度地使用，要发挥多媒体的积极作用。为了达到这样的目标，教师应该提前做好备课的工作，寻找和教学目标相适应的影视资料，制作出配套的课件。

（四）语言与文化的有机结合

学习语言最重要的是在交流的过程中接触其他社会的文化，而不能仅把重点放在语法和单词的简单记忆上。学习语言的目的是交流，并推动文化的传播。但是，思维模式、风俗习惯、文化和社会等因素又能够对语言的表达方式产生影响，如日本人在表达的时候经常会使用一些模棱两可的方式，听者有时候需要自己推测。

对社会文化的了解是跨文化交际的基础，为了达到较好的交际效果，就需要从社会文化的角度出发。日语教育中不能够仅仅包括单一的理论知识内容和技能的训练，更应该在日语教学的过程中将文化教育穿插进去，学生应该从中日文化的差异层面理解语言的使用。

在对中日文化差异有了一定了解之后，在培养学生的过程中，教师应该尽量使用日语的语言思维为学生解释语言用法，否则，即使掌握了单词和语法的知识，最后表达出来的也是中国式日语，甚至还有可能出现文化上的误会，因此要想真正实现语言教育的效果，就要将语言和文化结合在一起。在日语的教育过程中，也要充分发挥文化的引领作用，语言和文化是相互促进的关系，联系十分紧密。

例如，日语中的"玄阴"一词，很多教材中都翻译为"大门口"，很多学生不理解翻译的意思，不知道是从何而来。教师对这个单词进行解释和说明时，首先要使用图片等直观的方式让学生从感性的层面理解，说明日本人在进入大门之后要换鞋，还要将鞋摆放好，通过这些说明的内容让学生深入了解日本文化和中国文化之间存在的差异，并结合影视资料等让学生探究和总结文化上的差异，获得最好的教学效果。

1. 跨文化教学概述

语言是文化的载体，也是交际的工具。语言规则是语言学习的基石，但是仅掌握语言规则并不意味着同时就能进行很好的交际。学习语言不仅是要学习语言规则，更重要的是学习语言文化。

语言文化是指由语言形成的文化，它包括文学、科学、哲学等有一定价值的语言作品或者创造这些作品的人类活动。广义概念下的语言文化还包括语言本身。语言的文化内涵在语言交际中发挥着重要的作用。

（1）关于语义语境

语言是通过语言符号来表达的。语言表达过程中，声调、语气等可以增强语言规则的含义，隐喻、谐音等语言中固有的文化内涵也可以表达特定语境中的语言深层含义。这些都是构成语言的文化特征的一部分。

（2）关于间接言语表达

语用学的研究成果表明，人们表达意图时在一些特定的场合（又称语境）会选用不同的词汇或句子。例如，暗示性语言、参照性语言、主张或要求等表达方式。为了理解这些表达方式，我们就需要了解说话人的态度、普遍的价值取向等。这些价值观、道德观、伦理观、态度、信念、取向等也就构成民族文化的本质特点。也就是说，语言不是孤立存在的，它通常是在一定的语境中发挥着直接或间接的作用。对于直接言语行为的了解是语言规则教学的重要任务，而对于间接言语行为的了解就与语言文化的教学密切相关。例如，汉语中有"说曹操，曹操到"的典故。如果从字面来理解这句话，可能就会误解这是关于曹操的话题，而实际上是借用历史人物表述一个话语内容。说话人和听话人必须都了解这个典故才能准确进行交流。因此，学习一种语言必须加强对该语言文化内涵的学习。单纯从语言规则的角度去学习日语，恐怕难以准确运用这些表达方式，也难以理解和体会使用这种表达方式时人们的心理。

（3）关于日语中的暧昧表达

日语语言的特点之一就是语言的暧昧性。日本人常常委婉地表达自己对事物的看法，因此语言中大量使用省略、否定的否定、推测等婉转表达方式。对一些可以直接表述清晰的问题也委婉地说明，这是源于日本价值观中的"互为依存"的观念。正是这种互为依存观念的存在，才使得日本民族的集团主义意识浓厚，遇到问题不会直接将个人愿望强加于个人。

（4）关于日语表达方式的多样性

日语的语言表达方式多样，使得传递同样一种语言信息可以采用多种方式。日语语言表达方式的多样性不仅体现在表示请求的固定句型使用上，还包括对说话人的状况、目的、愿望、场合、主题等多种形式，与直接表达相比，隐晦的、婉转的、间接的表达更多。而且有时还将多种表达方式根据语境而组合起来使用。

（5）关于日语表达的情感抑制

由于使用外语进行交际时人们普遍存在的"犹豫"的心理特点，这决定了语言表达过程中会使用一些特定的表达方式，语言学将之称为"发话犹豫"。日语语言在这一方面的语言特征非常明显，交际中经常使用。对于日语学习者来说，需要通过对日本文化的理解来掌握这一语言特征。通过对以日语为母语的人们表达习惯的调查表明，通常在开始会话之前，他们会用非言语行为为开始会话做准备，不会突然切入话语主题；有时还要询问听话人是否方便，会注意到绝不给对方增加负担。

在表述话语主题时，也会顾虑到听话人，他们会先对内容复杂的事件提示主题，设置一个停顿，让对方先对话题内容有大致的了解再进行详细说明。就是说，日语的会话具有以不给听话人增加负担为前提，不断确认听话人的反应，逐渐地、分阶段地表达的特点。这种对听话人接受语义程度的顾虑和观察，一方面会抑制表达的直接化、言语化，导致交流中大量使用言语省略，通过表达内容之间的内在联系实现言语理解；避免使用直接的否定回答，不得不表示反对意见时，如在网络、短信等交际方式中，通常先不表示出反对的意见或态度，而是先说出自己不同意的理由，进而让对方理解自己的反对态度，避免强硬的判断语气让听话人不容易接受。另一方面，会话中期待对方不断应和，寻求促进话题深入下去的语境。日语表达的这种心理倾向也是我们通过学习必须掌握的。

（6）关于日本人的肢体语言

在语言交际中除了用文字符号表达的语言外，非言语行为的表情、动作、姿势等也可以传递言语信息，同样起到交流的作用。例如，日本式见面礼不是拥抱，不是握手，而是互相鞠躬，当日本人在会话等言语交际中频频点头时，并不是完全表示对所听到的话语内容的赞同，有可能只是代表正在注意倾听。这些动作所表示出来的内涵也需要通过对民族文化的认识来理解和体会。

我们在学习语言文化时常常会以文化翻译的形式来理解异文化。然而，就像人们在翻译外语时总是去找寻词汇或语法上的等价物一样，事实上这是完全不可能的，完全等价的语言翻译就是"不翻译"。语言的形成是不同民族在不同的生存环境下，以不同的角度来观察客观事物，从而形成的概念系统，文化所包含的道德、人情、价值观等在各个民族的文化表现上也呈现不同的特征。受人们对异文化的理解与接受程度制约，在跨文化交际中也会出现各种交际结果。

语言的交际功能、语言的民族性和社会性以及文化性决定了日语表达在表达心理、表达习惯、表达方法种类等方面与其他语言有显著差异，也就是说用日语进行口语交际时，不单是要灵活运用语法规则，还要理解和掌握日本式交际心理导致的口语表达方面的差异。因此，通过日本文化学习可以促进学生的语言理解和言语应用能力，扩展学生的知识结构和认识问题的方法。而且，通过学习日语，了解和认识日本民族和日本社会，还可以为理解其他民族文化提供认识论和方法论，从而为了解世界打开一扇窗户。通过语言学习达成跨文化理解是日语教学的目标之一。通过语言学习提高文化素养，提高审美情趣是日语教育的目标之一。脱离开语言文化研究日语教学，必将局限于对语言规则教学的研究，难以达成语言理解，更谈不上语言交际和应用，是不完整的教学研究。

跨文化的学习过程也分为三个层次的心理变化，分别是跨文化交际、跨文化理解、跨文化接触。掌握跨文化的交际内容就是掌握跨文化的知识和跨文化的技能。所以可以说，我们学习跨文化的知识就是为了更好地理解和应用语言，提升语言知识和技能的水平。

2. 跨文化教学要点

（1）异文化接触与认识

日语教学是通过教科书进行的，学生不能深入到异文化环境去亲身体会。这种获得的经验是二元的，属于间接经验。同时还受到经验来源渠道的制约，教材、影视剧中文化的信息含量是有限的，受内容或目的的制约，还会出现片面的、个别的、不能代表日本文化根本的信息。因此，文化信息接收渠道和能够获得的知识量限制了学生对日本文化的完整、准确认识，这时就需要教学中由教师有意识地进行补充。

（2）跨文化理解

信息来源渠道会制约我们对异文化的认识，同样也会为跨文化的理解带来困难。造成理解困难的另一个原因就是学生对本族文化的认识程度和态度。

如果文化理解过程中，自我文化意识过强，文化的迁移就难以实现。全盘否认本族文化，认为"别国的月亮比自己国家的圆"，一味接受，也会为跨文化理解造成阻碍。因为，这种态度本身就是放弃比较、放弃分析、放弃发现的态度。

因此，理解异文化需要我们有合适的认识态度，全盘否定和全盘吸收都不会有助于异文化的理解。

日语是一门非常有表现力的语言，具有自己的特色，丰富的内涵隐藏在平淡的语言表达形式下。另外，日语中有很多固定和习惯的表达和说法，在不同的语境中有不同的含义，如果不能学习和了解日本实际社会的文化，也就很难了解这些语言表达中包含的心理活动。而把握这种语言规则使用的语境，就属于文化理解的学习。通常情况下，教学中往往更注重对语言现象、规则的指导，忽视这些语言规则所蕴含的文化背景介绍，也会导致语言规则运用不自然情况的发生。

（3）文化迁移

在教学中经常会出现学生文化迁移困难的情况。主要原因是学生对异文化的冷漠态度，认为语言学习只要学会了词汇、语法等语言规则就可以了，至于文化的学习不重要。抱有这种认识，就很难从文化的角度去理解"为什么这种场合日语的表达方式会是这样"之类的问题。实际上这对语言知识学习极为不利。另一方面，文化迁移困难也源于对日本民族或日本这个国家抱有成见和排斥心理，始终以批判的态度学习，这些都会造成文化迁移的困难。

（4）异文化知识的来源

在非日语环境中开展日语教学时，语言的文化信息通常主要来源于间接经验，如书籍、报刊等。因此，对异文化的认识不可避免地受到间接经验的传递者（作者）的影响。每一位作者在介绍一个观点或感受时，或多或少地带有个人的、主观性的态度，可能只是在某一特定场合下的特殊体验，因此，这种体验的客观性就有待确认。如果我们不加分析地全部以"拿来主义"的态度接受，就可能带有认识的片面性，不能够完整准确和真实地认识异文化、感受异文化。

此外，专业日语课程中的日本文化课程通常对于日本社会、风土人情、历史地理、文学等方面的学习较为重视，对于交际心理方面的学习以及日本式的世界观等方面介入很少，导致学习者所掌握的都是片段的、笼统的认识，而这方面知识正是对语言应用中言语交际规则性的知识，不容忽视。所以，课程设置以及学习者对于语言文化学习的重视程度低也导致对日本文化理解的片面性。

3. 跨文化教学策略

跨文化知识教学通常与语言知识教学相结合，是通过语言知识学习逐步接触异文化、理解异文化、融入异文化情境的。交流过程中的表达和交流技巧组成了跨文化知识的实际运用方法。所以，研究语言知识和言语技能教学策略也就是研究跨文化的教学策略。综上，在此省略重复的策略表述，仅从跨文化接触和跨文化理解两个侧面来介绍。

（1）跨文化接触策略

①语言知识学习

异文化的理解首先要学习语言知识。当然，不利用日语，通过阅读汉语书籍也可以了解异文化。但是从知识量来说，能够被我们翻译过来的文化书籍还是有限的，能够圆满翻译出原汁原味的言语内涵、画外音的作品更是少见。只有通过阅读日语原文书籍，用日语语言体会特定语境下的语言文化，才可以更准确了解、体会日本文化，掌握语言的魅力。

通过语言知识学习来掌握语言文化是异文化学习的必由之路。学习语言知识除了学习语音、词汇、语法之外，由于教科书通常都是有选择地编写各种题材和体裁的文章，教学中还会同时涉及日语修辞以及日本的成语谚语、典故故事等，这些都可以丰富语言文化知识。

对课文内容进行深入地分析。日语教学中最重要的就是学习和掌握词汇、语法的知识，在理解课文的内容时，最重要的就是理解文章的含义和语言的运用方法。课文中的内容一定程度上也反映了语言文化，在教学的过程中，不仅要重视语言知识的传授，还要让学生从文化的角度探究知识。在实际应用语言时，要学会在特定的环境中使用词汇和语法的知识。所以，想要掌握所学语言的文化，首先就要从课本中出发。

注意积累和使用知识。如果在日常的学习过程中，发现了日本文化的相关知识，我们要及时地进行归类和整理。教师要帮助学生理解语言句子中的文化含义，并且在实际的使用中帮助他们提升文化意识。

对比。日语与汉语在语言文化方面有相近之处，同时也有差异。通过分析和对比之后，能够从更深的层次对日语语言和日本文化进行分析和领会。在学习的过程中也具有一定的能动性。例如，从前中国人见面打招呼时爱问："吃饭了吗？"这是困难时期还没有解决饥饱问题的人们之间互相关心的体现，在当时的社会环境下没有人会认为这有什么不妥。而今天饥饱问题基本解决，人们更注重生活的质量，交际语言随着社会的发展而不断变化。日本是个多自然灾害的国家，火山、地震、台风、海啸等为人们的生活带来很多不便，所以人们关心自然的心情也格外突出。日本人写信时的标准格式是开头要使用季节问候语；在打招呼时经常使用问候天气的方式。在进行语言应用的差异分析过程中，结合日语的教学，能够在学生固有文化体系中实现对新文化的吸收。

②指导学生大量阅读

在异文化环境缺失的情况下使用书本的内容了解异文化，首先要面对的问题就是信息量的不足。提高阅读量可以很好地解决这个问题，阅读不仅是指对课内学习内容的阅读，还包括课外阅读。可以说课外阅读是了解异文化的主要渠道。因为课内的阅读一般都是为了学习理论知识和表达技能，文化学习的任务起到了辅助的作用，但是，毕竟受时间、内容的限制，不能完整系统地读完整篇文章，不能以平常的心态去体会。因此，异文化的学习主要还是在课外阅读过程中收效更大。

书籍、报刊都可以作为阅读的对象。不仅可以读日语原文的图书，还可以读中文的有关书报刊。

学生阅读的题材要广泛，不拘泥于小说等文学作品，只要是与日本相关的信息，包括政治、经济、文化、风土人情、社会地理、历史等，都要作为文化学习的内容，积极吸取，日积月累，逐渐完善。

学习记读书笔记和摘要。因为我们的记忆是有一定规律的，不经过重复会遗忘，养成记读书笔记的习惯对于我们积累信息非常有帮助。

定期归类整理。已经学习过的或者积攒下来的关于文化方面的资料、卡片要随时归类整理，一方面是复习巩固，另一方面是便于以后的学习和查找。

③应用互联网

网络帮助我们缩短了与世界的距离，在网络中，我们可以很容易获得大量信息去了解日本。利用互联网学习日本文化，是克服信息量不足、文化体验少这一困难的好办法。

有计划、有目标地上网。网络中的信息含量大，分散注意力的可能也大，如网上打游戏、聊天也能消磨掉大块时间。做到有效利用网络去学习，网络的优势才能真正发挥出来。所以教师应该提前帮助学生对网站的学习资源进行筛查，检验网站信息的准确程度，帮助学生制订出学习的计划，明确学习的重点，就可以提升学生在网上学习的针对性和效率，减少无意识学习，也可以尽可能完整地获取知识。

寻找好的网站。查找可信度比较高的网站地址，加入到感兴趣的文件夹中。这样可以省却盲目寻找的过程，避免浪费时间。

资料下载。经常下载有价值资料，对于比较感兴趣的话题，随时保存在文档中或存盘整理，以备复习查询。

网上咨询和讨论。把自己的观点或想法、疑问通过网络发布出去，可以获得帮助。在论坛中可以选择有在日本生活经验的人为谈话对象，就某一话题开展讨论，从中体会自己与对方对某种事物的认识差异，并思考导致这种差异的文化根源。

④从日本影视剧中体验异文化

观看日本影视剧也是了解异文化的一个捷径。因为艺术是来源于生活又超脱于生活的，影视剧反应的是社会的真实，是文化的浓缩，通过影视剧可以了解日本文化的深层次底蕴。

反复观看同一日文影视剧。反复观看不仅对于语言的学习有益，对了解日本文化也有帮助。不要只看一遍，了解剧情就结束，如果有较为充分的课外时间，可以对一部影视剧进行重复地观看。首先可以练习听力和表达的用法，另外也能够按照剧中的表达，学习在不同场合下表达方式的区别。在重复观看的过程中，每一次都能够观察到之前没有注意到的细节，可以从文化的细节上体会内涵。确定每一次观看时的学习任务。第一次观看可能重点在于了解剧情，但是了解剧情并不是通过影视剧学习日语的根本目的。通过影视资料可以体会语言使用的特点，并了解社会的历史和现象。因此，每一次都要有目的地观看，从中吸取知识，不做故事情节的奴隶，要从旁观者的角度去理解认识剧情，实际上这也是一种客观的、不自觉地对比的过程。

回味与记录。看过后的回味也很重要。从这个影视剧中自己了解了什么，明白了什么，体会到、感受到什么，把这些记录下来，一方面巩固刚刚听到或接受的语言知识，练习用日语表达，另一方面也是对自己的跨文化理解的一个归纳整理的过程。

（2）跨文化理解策略

①文化迁移时的态度

经过前面的说明我们可以知道，在理解日本文化的过程中很大程度上要借助对异文化的接受态度。而只有更好地理解了日本的文化，我们才能提升语言学习的效果。所以，我们在学习日本文化时，应该对文化的学习采取积极的态度。

保持好奇心。不拘泥于个人喜好，对日本文化始终保持好奇心，始终感兴趣，有求知的欲望。

扩宽学习面。文化中的各种因素应该是相互联系和共同依存的，在学习的过程中如果不能广泛地接受不同学科的知识，我们的视野也会受限，在认识文化的过程中就会出现一定的局限性。因此，无论是对政治、经济、社会、地理、历史、教育等任何领域的文化知识，我们都不要抱着排斥的态度，要广泛地学习。

有长期学习的思想准备。受学习条件和学习时间、学习阶段的影响，我们不可能一下子就了解到日本文化的全部，必须一点一滴地积累，而且，随着学习内容的不断丰富，我们对文化的认识也会从表面到内在，逐渐深入。因此，对文化的认识形成，是一个长期的过程，不要急于求成。随着我们对日本文化理解程度的提高，对文化差异性的认识也会不断提高，这种有目的的积累，会为今后的日本学研究打下良好的基础。

辩证地看待知识。在学习不同文化知识的过程中，我们会产生三种不同的学习态度：全盘否定、部分接受、全盘接受。从历史发展的学习观点来看，在不同的历史发展时期，人们的意识形态、思想和价值观也会出现一定的变化。历史观是学习文化过程中不可缺少的内容，我们应该使用辩证主义的世界观，因为这样的世界观将现实主义和批判主义较好结合在一起。

②跨文化交际时的态度

巴纳（Barna，L.M.1997）对跨文化交际活动过程中的消极因素进行了分析和研究，在文化交际过程中应该使用这样的态度：

要认识到不同文化之间存在一定的差异。在跨文化活动中，如果出现了一定的误会，很有可能就是因为交际者认为人类都是一样的，所以交际过程不会因为文化差异而产生困难。如果从生物学和社会发展的角度出发，人类的相似程度是很高的。但是，交际的活动和人类的文化特征以及社会特征紧密地结合在一起，交际活动也是由文化发展而来的，认为一切人类都是相同的文化观念存在于其中，而基于文化的差异，比认识中其他文化与自我固有文化相似性程度更甚的差异性也存在。

注意语言差异。在运用不太熟练的日语进行交际时，我们容易认为，每一个单词、熟语、文章都具有各自的意义，而且它们只具备自己想要表达的意义。这种认识实际上是忽视了非言语表现、语调、身体的方向和其他多种行为，以及暗示、简短信息等其他形式的交际方式，把本来很复杂的过程当作一个简单的意义解释，交际问题在这种情况下就产生了。所以，在交流的过程中，不仅要注意到语言本身的含义，也要掌握语言背后隐含的意义。

理解非言语行为的含义。在所有的文化中，交际信息共同构成了非言语行为的内容，所以我们很难理解其他文化的非言语行为含义。如果在理解非言语的过程中产生了误会，有可能会导致文化之间的对立和冲突，从而影响到交际的过程，所以理解非言语行为中的隐藏含义十分重要。

减少固定概念和先入为主等内容对交际过程的影响。对于他人的认识我们很容易受到固定概念和先入为主的观念影响。这些观念影响到我们认识和交际的所有侧面，是不可避免的心理过程。固定概念或先入为主的认识也就是特别关注事物中某种特定倾向的认识。正是因为这种选择性注意对交际产生副作用的心理过程的影响，固定概念才会一直维持下去。如果我们在交际的过程中，过于看重固定模式发挥的作用，就不能够从客观的角度看待别人的行为和表达内容，也就无法正确地理解别人交际行为中的深层含义，所以这是交际过程中存在的一个很大障碍。

保证评价的公平性。我们在他人和自我世界中的归属感和安全感在很大程度上受到文化价值观的影响。如果发现他人的价值观和自己的价值观存在差异，我们很容易对他人产生负面的评价，这种先入为主的评价也会阻碍跨文化交际的活动。

避免高度不安或紧张。与熟识的同文化圈交际相比，跨文化交际容易引起强烈的不安，产生精神压力。无论是在跨文化交际中还是在考试、体育比赛等其他社会生活中，适度的不安或紧张也许会收到好的效果。但是高强度的不安或焦虑会导致思维过程和行为技能的失调，在这种不安和焦虑状态下，人们往往容易夸大其他障碍物的作用，从而得出专断的或没有灵活性的认识。不仅如此，有时即使相反意见具有客观依据，却还是会固守着自我固定观念，对不同意见者持否定评价。对于跨文化交际来说，这绝对不会带来良好的结果。因此，在交际过程中只需要保持适度的紧张而不要过分。

（五）加大非语言交际能力的培养

在教学的过程中，我们通常会将教学的重点放到提升学生的语言交际能力上面，这样的看法是没有问题的，但是学者们发现，在实际的交际过程中，语言的交际只占到了30%的比例，其他的含义都通过非语言行为传递出来。也就是说，在跨文化的交际过程中，非语言交际的方式比语言的交际起到了更大的作用。例如，在日本的文化中，人们会使用两个食指竖放在头部的两侧，类似牛角的形状，告诉对方其他人正处于生气的状态，在中国的文化中，这个动作一般仅仅代表"牛"这种动物；日本人在暗示某个人自负、自大的时候，会将拳头放在鼻子前面，做出一个长鼻子的姿势。所以，在教学的过程中，是非常有必要让学生通过非语言行为了解文化背景的，并将这类知识融入进日语的学习中，将文化偏见和文化模式化等因素对日语学习的影响降到最低。

第四节　日语自主学习能力的培养措施

一、日语专业自主学习研究的背景

（一）本科日语教育的现状

进入21世纪之后，在全世界范围内都掀起了学习日语的浪潮。我国的日语教育也在这样的大背景下发展了起来，除了东北院校老牌日语专业和一线城市大学的日语专业之外，许多地区和省份的高校都展开了不同规模的本科日语专业教育。日语学习的人数也因为教育的发展而得到了显著提升，人才的数量增长使得日语专业人才就业的压力增大。但是实际情况是，就业的压力并不是由于人才的供给加大了，而是就业的市场需要语言知识更加丰富、交际能力更高的高水平人才。市场的需求也要求我们对现在的教育教学方式作出改变，从不同的角度提升学生的日语能力和专业水平。

本科的日语专业教学大纲要求学生在四年的学习过程中获得以下的知识和技能：第一，基础较为扎实的日语语言知识和具有一定程度的听、说、读、写、译水平；第二，掌握人文、科技、文学以及语言学的相关理论知识；第三，对日本的文化和社会现状有所了解。教学的主要课程内容有：基础日语、高级日语、会话、听力、翻译、写作、文学史、文学选读、概况、视听说等。但是这些教学目标的实现在实际的教学过程中存在一定的困难，如教学环境的限制、教师资源的限制、课时的有限等因素都对日语教学的发展产生了一定的影响。怎样解决这些实际存在的问题，提升学生的学习能力，培养自主学习模式，是一个亟待研究的方向。

（二）网络时代日语学习模式的变化

我国的互联网在2000年之后的十多年时间里快速发展，在最近的几年间，移动互联网又深刻地影响着人们的生活和学习，改变了人们的生活习惯和学习习惯。互联网中包含了大量的信息。这些信息中也有利于学生学习的日语素材，如语言素材和文化素材等。而且还具有很多优点，如多样性、便捷性和及时性等。随着网络时代而不断发展的日语学习需求要求我们重新对日语学习的模式展开研究。有很多的日本教育领域学者也提出，在网络世界不断发展的今天，学习的主体要从教师转变为学生，授课的模式也应该从教室当面授课转变为电子化学习平台。

（三）日语初学者的学习特点

大学生刚开始接触日语专业时，会对学习的内容和学习的方法产生很多疑问。尤其是我国的很多日语专业学生都是零基础的，他们上了大学之后才开始接触日语的学习内容，并且日语的语言学习规律和汉语、英语的知识和认知规律有很大的差异。在这种情况下，如果日语专业的教师不为学生提供专业上的辅导和帮助，让学生和高中时期的学习区别开，大多数学生还会按照高中时期的学习习惯进行学习规划，在日语的学习过程中体现为在课上记笔记，下课做作业，学生的积极性也不会得到提升，学习的效果也不会很好。

（四）教育部在新形势下对于高校本科教育的要求

教育部《关于进一步加强高等学校本科教学工作的若干意见》（高教【2005】1号）中明确指出："积极推动研究性教学，提高大学生的创新能力。""积极推进讨论式教学，案例教学等教学方法和合作式学习方式，引导大学生了解多种学术观点并展开讨论，追踪本学科领域最新进展，提高自主学习和独立研究的能力。"根据这样的要求，我们应该改变课程讲授所占课时较长的现状，为学生提供自主学习的时间和环境。这样的变化，不仅能够顺应时代的发展和教学的改革，还能够体现出"以人为本"的现代大学教育理念。

二、自主学习的内涵

在新的学习背景下，语言领域的学者们关于自主学习的相关研究也越来越丰富，也更加重视合作学习和自主学习在学习过程中发挥的作用。学习主体发挥的作用也逐渐受到人们的重视。教学重心的变化并不是没有根据的，而是教学的根本目标是为学生提供教育，并以学生为主体。教学的重心从教师转向学生能够改变传统课堂中教师与学生权力不均等分配的现象。

在学生为教学主体的课堂中，学生应该计划好自己的学习进度，为自己的学习行为负责，这样的学习方式和传统的课堂灌输式学习相对应。自主学习的学习模式有这样几种具体的学习表现：学习者主动管理自己的学习行为，自主选择学习的策略、内容和目标，从而清楚自己的学习应该从哪些方面开展。学生的学习目标也较为清晰，能够意识到自己学习的内容和过程是不是符合自己的目标。这样的学习是一种自我监控、自我激励、自我导向的学习模式。

从根本上说，自主学习的学习模式是学生对学习内容和过程的一种思考和决策，属于心理关系的范畴，是一种批判性的思考过程，并要求学生对自己的学习能力进行评估。自主学习不是一种新颖的教学方法，而是一种对自己学习能力的认知。具体说来，就是学生能够独立自主地将自己的学习细节确定下来，并落实下去，还能够设计出一套适合自己学习习惯的评估体系。因此，每一位日语教师都应该认真思考，怎样才能够培养出学生的自主学习能力。

三、日语自主学习方式的探讨

（一）课堂自主学习

在传统的课堂教学中，主要使用的是教师当面授课的方法，单词、语法等是主要的教学内容，教学的工具为粉笔和黑板，在大部分的高校教学中，已经使用了媒体课件进行教学，但是课件的内容和板书相比并没有太大的变化。教学的方法缺乏创新和发展。而教育部则提出了"切实改变课程讲授所占学时过多的状况，积极推动研究性教学，提高大学生的创新能力，积极推进讨论式教学，案例教学等教学方法和合作式学习方式，引导大学生了解多种学术观点并展开讨论，追踪本学科领域最新进展，提高自主学习和独立研究的能力"。这就要求日语教师，应该从学生的学习需求出发，以学生的发展为本，对课堂的教学模式进行创新，提升学生自主学习的意识和能力。

1. 课堂自主学习对教师的要求

教师要在自主学习的环境中负起更大的责任，自主学习的方法也对教师的专业知识水平提出了更高的要求，教师不仅要熟悉日语语言形式的规律和原则，还应该清楚在课堂中使用的学习方法会对学生的学习产生怎样的影响以及练习方式会产生的实际效果，在掌握这些情况的基础上设计新的课堂学习活动。在课堂的教学中，教师要将教学的重点转移到学生学习和研究问题的方法上来。培养学生主动探索知识和主动总结规律的习惯。

教师要对自己在课堂上的角色进行调整，脱离"填鸭教学法"和"满堂灌"的传统教学理念，努力创造出一个更加积极向上的语言学习课堂。使用情景式的设问方式，利用启发式、思考式的教学方法，让学生学会独立思考。

教师在课堂中最主要的作用就是引导学生的学习。并且，学生自主学习能力应该能够在课堂学习的过程中体现出来。例如，在教学的环节中，可以让学生准备课文的背景和作者背景等内容，并在课程开始之前向同学们介绍，在介绍梗概时，可以让学生锻炼一下自己的表达能力。学生也能够参与到课堂的评价和表现过程中。"教师为主导、学生为主体"的理念应该贯穿到教学活动的各个过程中。教学的形式也应该是灵活多变的。

2.课堂自主学习对学生的要求

教师应该培养学生的学习主体意识，让学生改变过去长期的被动学习观念，学习的方法就是在课上做笔记，并在课下巩固，完成教师的课堂任务就是完成学习的过程。目前，很多学生对自主学习的理念和学习方法还不够了解，也没有参与到课堂的互动和交流过程中，这种现状亟待解决。教师应该积极引导学生开展自主学习的活动，学生也要积极配合老师的教学活动，这个目标的实现需要师生的共同努力。学生应该主动对自己学习的内容进行查阅和总结，并敢于在课堂教学中提出自己的学习问题，敢于质疑他人的观点，让自己的问题意识、表达能力和思考能力在讨论和交流的过程中得到提升。在学习课程结束之后，也要对所学的问题进行总结，并在实际的交流中运用理论知识。

（二）课外自主学习

学生的学习主观能动性能够在课外的自主学习模式中得到锻炼，从而提升学习的实际效果。应该从学生和教师两个方面构建自主学习模式。

1.课外自主学习中的教师角色

教师应该对学生的课外自主学习活动进行积极的指导，因为课外的知识内容结构十分复杂，信息量大，学生可能会因为学习的难度大产生畏难的情绪，迷失自己的学习目标。所以，教师应该对不同学习阶段的学习方法进行总结和评价，在指导学生学习的过程中使用不同的方法。

（1）学生学习的积极性可以通过各种活动的开展而得到提高。例如，教师可以为学生提供自由会话教室、日语角和日语俱乐部等，增加学生练习日语的机会。院系也可以为学生的学习提供各种锻炼的平台，如技能性比较强的比赛，日语卡拉OK大赛、戏剧比赛、导游比赛、配音比赛、翻译比赛、作文大赛、演讲比赛和朗诵比赛等都是不错的方式。让学生在各种锻炼的机会中，提升自己的能力，让自己的胆量得到锻炼，培养学生学习的积极性。还要通过多种方法开阔学生学习的视野，如广播电视、杂志、日文报纸、资料室和图书馆等。

（2）为学生甄别外界信息的权威性、真实性提供帮助。移动互联网经过几年的发展，已经深度走入学生的学习和生活，网络中的信息量非常大，日语相关的信息也同样如此。有些信息的真实性和权威性没有很好的保证，并不能够为学生的学习所用，在这时教师就需要指导学生对信息展开甄别，在学习的过程使用真实和权威的信息。教师要为学生提供鉴别资源的方法和技巧，让学生能够达到独立甄别的水平。

2. 课外自主学习中的学生任务

学生在刚进入校园时，教师就要培养学生的课外自主学习意识。学生除了在课堂中获得知识之外，还应该参加多种比赛和活动，对自己的知识进行运用，并对自己过去的学习方法进行反思，以便形成更加科学合理的学习方法。

在众多的课外自主学习方法中，大多都是以学生的角度设计的。在作者日常接触到的日语学生自主学习方法中，主要有这些形式的学习活动：在日本进行短期的旅游活动、兼职做日语的家庭教师和临时翻译、网络上的学习、日语角和自习等。作者结合自己对学生学习情况的了解以及日语学习的氛围和环境条件，建议学生在实际的学习过程中，可以和日本的朋友使用多种方式进行在真实语境下的交流、讨论，认识到学习的形式是丰富多样的。在实际的讨论学习环境中，学生能够进行不受话题约束的交流，大胆表达出自己的观点，思维的灵感不断得到碰撞，不仅能够提升学生学习的实际效果，同时还提升了学生学习的积极性。

四、日语自主学习能力培养探究

（一）自主学习能力培养目标

培养学生的自学意识。根据作者的实际教学经验，自学意识在培养自学能力的过程中发挥了非常重要的作用。在低年级日语专业学生的学习过程中，基础日语占的课程比重比较大。在实际授课的过程中，应该对单一的授课方式进行转变，提高学生学习日语的兴趣，引导学生形成较好的自学意识。然后激发出学生的自学动力，在提升学生学习自信的过程中，让学生进入自学的学习模式中。

学生在接触了自学的模式之后，教师应该帮助学生转变学习的方法，提升学习的效率。在调查之后，我们可以发现，零基础的学生认为日语是比较容易学习的，因为日语中有一半以上的字词都是汉字。但是，在基础的学习阶段如果经常使用翻译法，在母语的表达影响下，学习日语句子时会产生很多语法上的错误，学生不能很好地构建起日语的体系框架。另外，在学习日语的过程中，我们不能将学习英语的方法直接搬过来，而是应该在教师的引导下形成和日语学习相适应的学习方法。①

（二）学生自主学习能力培养措施

1. 课堂导入

在过去的课堂教学过程中，教师主要使用的是教授的方式，这样的方式存在一定的不足。有的时候，教师已经将知识点分析到位了，但是学生还是不能够理解知识的内容，这是因为教师没有掌握学生的学习接收情况。虽然教师会使用多种方式获得学生的学习情况，但是有的时候对学生的整体情况掌握还是不足。另外，在传统的日语教学中，教师需要将教学的进度考虑在内，但是每个学生的认知水平存在一定的差异，所以无法保证所有的学生都能够完全掌握所讲的知识点。

所以，教师可以利用网络平台的功能解决这一问题。第一，教师能够及时地为学生提供测试的题目，在上课的过程中就能掌握学生的学习情况。试题的范围在考级题目和书本内容中。学生也能够根据平台给出的做题速度和准确率等内容，推断出自己的学习情况在班级中的位置，以此为基础决定是否对自己的学习方式作出调整。同时，教师可以提前将课件的内容上传到网络平台上，让学生做好预习的准备，课后的作业也可以发布到平台上，学生可以根据自己的作业情况进行复习。作业和预习的任务不应该太多，而是要维持在一定的范围内，保证所有的学生都能够跟上教学的进度。学生们也应该将预习和复习的内容充分利用起来，让自己的学习进度跟上班级的整体速度，这样的方法可以让学生们的学习和教师的教学任务相协调，最终提升课堂的效率。

2. 开展相关教学活动

学以致用是教学过程中学生应该能够达到的目标，就是将所学到的知识运用到实践中。日语教研室应该对专业的教学活动展开统一的安排，日语外教设计活动的内容，每过一个月就应该对教学活动调整一次，对于低年级的学生来说，教师更应该安排好教学的内容。由于在日常教学的活动中缺乏日语的表达氛围，所以学生在日常学习中不经常使用日语，教学活动的设计就能为学生提供交流的机会。

在学生的大一阶段，可以组织日语歌曲的演唱活动。让每位学生都学习演唱

---

① 王晓雲. 基于自主学习能力培养的"基础日语课程"课堂教学改革实践[J]. 科教文汇（下旬刊），2019（12）：213-214.

自己喜欢的日语歌副歌部分，并在课堂中展示，如《濑户的新娘》《起风了》等，也可以将《两只老虎》《容易受伤的女人》《红日》等中文歌翻译成日语的版本，让学生在欢快的气氛中学习日语。教师还可以开展观影的活动，让学生对日语的学习产生十分浓厚的兴趣，尤其是观看比较受欢迎学生的电影，比如《龙猫》等，这种方式不仅能够提升学生的学习的兴趣，还能够提升他们日语的听力水平。

对于大二的学生来说，教师要将教学的重点放到对词汇和语法的分析上来，鼓励学生在各种场合使用日语交流，提高表达的频率能够帮助学生提高对语法和单词的运用能力，还能提升学生表达的自信心，在学生的自学能力得到提升之后，教师应该引导学生对自己学习的效果进行评价。在大二的第二学期，参加日语的专业四级考试，此时教师应该转变学生的考试思维，学习不是为了考试，考试是为了评价学生的学习效果，在学习的过程中，学生要自主选择日语的漫画或者是书籍，指导教师要对日语学习材料进行评估，确定考试的方式和标准，让学生发表自己的作品赏析内容，创作出日语学习的环境。在进行日语作品赏析的过程中，学生也能够对自己的学习成果进行评估，争取在长期的阅读过程中提升自己的思考和评级能力。

3. 分组讨论与表演会话

在过去的日语教学中，学生主要是被动接受课本上的知识，笔记都是在听课的过程中做好，学生几乎没有时间进行自己的思考，教师在课堂上要求学生保持绝对的安静，禁止学生对学习的内容进行讨论。虽然教师在课堂中的任务是保证教学工作的进行，但是如果课堂过于安静，学生和老师之间缺少交流，学生的学习思维也不容易形成。教师可以按照学生的人数对学生分组，结合学生的学习情况，最好能够让学生们的座位围在一起。设置好课堂讨论的时间和主题，让小组之间的同学共同探讨，最后形成组内统一的结果。让学生的思维进行充分碰撞，不仅能够充实自己的知识量，还能和他人的想法进行对比。

在过去，教学中会让学生进行角色分配式的朗诵或者是交流，但是实际的交流效果并不好，学生在交流之前对主题的内容并不了解，同时也不会深入了解知识的应用情景，学习的效果也会大打折扣。因此，在教师备课的过程中，要在对话内容的分析中结合动画的方式，让学生充分体验到会话的背景和使用场合，然后在小组中讨论会话内容，调整会话的内容，最终将会话的内容表现出来。

第五章　日语教学中的创新实践

本书第五章为日语教学中的创新实践，主要介绍了三个方面的内容，分别是教师与学生的创新性培养、思维创新在日语教学中的实践、互联网与日语教学实践。

第一节　教师与学生的创新性培养

一、创新性培养概述

随着全球经济化、信息化以及知识化的快速发展，尤其是在我国正式加入世界贸易组织（独立于联合国的永久性国际组织）以后，快速发展科学技术与社会经济的直接承载者与推动力就是优秀的人才，同时优秀的人才也逐渐成为全球经济相互竞争的重要核心力量。创新从某种程度而言对竞争的胜负起着决定性作用。哪个国家假如不能创新和超越，那么它必定会被时代潮流所淘汰。在全新的经济时代，人们对优秀创新人才的需求，尤其是外语类型的创新型人才需求非常大。随着经济全球化进程的快速推进，当今21世纪的时代，不仅趋向于全方位和多渠道，还趋向于更加大规模的国际合作和交流，同时时代快速发展对现代人基本素质的一个基本要求就是日语语言的应用能力。尤其是我国在实行改革开放政策以后，经济、文化等各个方面与国外的相互交流程度不断加深，社会当中特别是对高校毕业生的日语素质在其影响下，也在不断地提高。教师想要使培养出的优秀外语人才具备全面的综合素质，除了需要具备创新的意识，还需要具备一定的创新能力。

教师实际上是培养人才的重要人才。外语教师的创新能力与创造能力，通常情况下会直接、明显和大量地表现在和课程有关的诸多方面。外语课程和外语课程的教材、教法应该在多个方面推陈出新，如教学目标、指导思想等。因此，外语课程涉及的知识和能力的培养是新时期各类学校、办学机构、培养单位乃至各类公司的人力资源发展部门的教学内容和培训人员所需的"看家本领""人才雕塑技艺""人力资源开发技术"，是他们充分表现"创新能力"的重要业务能力。

21世纪是质量取胜的时代。外语课程质量、人才质量与教学质量的相应标准，在教育智能与观念的转变，以及外语教学相关学科的深入研究发展的影响下，得到相应的更新变化，如现代外语教育质量标准的评价依据有"以人为本"的教育理念、多媒体的教学手段等。

（一）创新能力

创新能力：创新能力就是创造新事物的能力。具体地说，创新能力包含以下三个方面的内涵：第一，对感官能力善于灵活地运用，在全方位感知周围世界的同时，也善于发现其中存在的各种问题；第二，既善于理顺多种事物之间的关系，又可以看清多种事物之间存在的相互关系；第三，在面对各种不相同问题的时候，善于利用全新的思维去解决。要注重创新能力和教育创新，其中教育创新主要指的是通过各种方式去努力培养创新能力的相关教育，它一方面可以对学生的创新潜力进行最有效地深入开发，另一方面也可以将学生培养成为优秀的高素质人才，具备敢于挑战和勇于创新的勇气。

20世纪初，有人提出了创新这一概念，将创新定义为将全新、重新组合或者再次发现的知识巧妙引入经济系统的过程当中的一种的活动。现如今，有人把创新重新定义为我们人类在长时间的社会生产劳动实践的过程当中获得对我们人类社会进步，以及长远发展有着较大促进和加速重要作用的杰出成果。部分学者认为创新的含义包含以下两种：一是以前从来没有过的，简单来说就是创造发明的意识；二是在全新的领域当中，经过发展产生全新的效益。创造发明和创新进行相互比较，前者的含义明显没有后者的含义宽泛，前者主要指的是首创、前所未有的全新事物，后者还包括重新组合已经存在的事物或者引入其中，经过发展产生全新的效益。也有部分学者认为，创新实际上是人作为重要的活动主体，所从事的各种产生全新思想与事物的相关活动，变革、进步与超越是创新最根本的特征。

通过上文的阐述，作者认为"新"是创新包含的主要意思，除了能是前所未有的新以外，也可以是在原来的相关基础上不断发展改进的新，也就是包含多个方面的意思，如创造、重组等。创新能力主要指的是对我们人类已经有的知识，通过各种方式进行改造、重新改造或者组合开发全新东西的相关能力。人类社会在20世纪50年代以后快速发展，其中高速发展的龙头就是科学技术，并且我们人类社会的多个方面在快速发展的科学技术的深入影响下发生了巨大的变化，现如今科学技术快速发展，知识经济已经初显端倪，国力之间的相互竞争也变得越来越激烈。当前，世界各个国家相互之间的竞争，从实际意义上来说是国家与国家之间综合国力的相互竞争，归结到根本上是国家之间的人才素质、知识总量以及科技实力的相互竞争。创新作为民族不断进步和发展的重要灵魂，是一个国家繁荣富强、欣欣向荣、飞速发展的不竭源泉和动力，假如一个民族不能、不去创新，那么该民族就很难发展起来，同时也很难真正长久地屹立于世界民族之林。

随着科学技术的不断进步和社会的发展，社会对人才素质提出的要求也在其影响下变得越来越高。21世纪，世界经济发展的主导形态就是知识经济，其中生产力的核心要素是知识，是知识经济的重要本质所在。知识经济发展的重要资源是知识与智力，并且知识、智力的不断创新与提高对知识经济的快速发展起着极为重要的作用，知识经济发展的重要动力和源泉从某种程度而言是知识的创新，以及有效地把知识转为技术或者经济利益的相关创新能力，这一想法已经非常广泛地被人们认同。只有具有一定的能力并可成功将自身的知识与智力，通过各种不同的方式巧妙地投入到各种创新活动当中的人，才可以快速适应知识经济社会发展的各种不相同的实际需求。因此，对创新型人才的大力培养随着知识经济时代的逐渐到来，越来越受到人们的重视和关注。目前，世界各国国家教育改革的共同任务就是努力培养具有创新能力与精神的优秀人才。

由此，我们可以将创新在基础教育当中的灵活运用理解为三个不相同的层次：第一，从社会的角度来看，具有现实意义的创新是前所未有的；第二，从全体学生的角度来看，创新主要指的是学生在面对某些问题的时候，采用同一年龄或者教育阶段的、其他学生从来没有运用过的途径或者方法来解决该问题；第三，从学生自身的角度来看，创新主要指的是学生在解决问题的过程当中，运用自己以前从来没有运用过的途径或者方法，需要注意的是此种途径或方法可以是其他人已经运用过的。在这三个不相同的层次当中，不宜大力提倡第一层次，否则就会出现本末倒置的不良局面或者情况，因此应该对第二层次与第三层次进行大力提倡和倡导。综上所述，从学生的层面来看，创新能力主要指的是学生可以对已经掌握和了解的知识，进行独立、综合地灵活运用，且善于发展全新的知识、方法与观点，并且对其中存在的规律进行全面充分的掌握，以及进一步掌握解决问题的重要能力。

（二）何谓创新人才

1. 创新型人才的主要素质

所谓的创新型人才，主要指的是既具有创造能力又具有一定创造精神的人，其实也是相对于那些缺乏创造能力和不思创造的比较保守的人来说的，同时这一概念和人才类型的划分，如理论型、技艺型等不是并列的。事实上，不管是哪一种类型的优秀人才必须具有一定的创造性。我国教育界在阐释创新人才或者创造型人才的时候主要从以下几个角度进行：创造性、创新精神等，此种阐释这也让人们产生了一种错觉，那就是只要对人的创新素质进行培养，如创新精神、创新意识等，对创新人才的培养就获得了成功。

2. 理解创新型人才

第一，创新人才作为人才类型之一，是和常规人才相对应的。创新型人才是不仅具有创新的精神和意识，也具有一定创新能力，并且可以通过努力获得创新成果的优秀人才。常规人才主要指的是占据主导地位的是常规思维，和创新人才相比较没有较强的创新意识、能力和精神，在面对问题的时候通常情况下习惯按照常规方法处理的人才。大多数情况下，创新型人才和技艺型人才、应用型人才等有着比较紧密的关系，是相互联系的，实际上这也是充分按照不相同的标准划分，进而产生的不相同分类。因此，技艺型人才、应用型人才等均需要具有一定的创造性，才能成为优秀的创新人才。

第二，人的全方位发展是创新人才的重要基础。无论是创新精神和创新能力，还是创新意识和思维，均和人才的其他素质有着十分紧密的关系，这种能力既不是独立发展也不是凭空产生的。因此，创新人才从这个意义上来说是全方位发展的人才，是在全方位快速发展的重要基础上，创新能力、创新精神、创新意识以及创新思维高度发展的优秀人才。

第三，创新人才成长和快速发展的重要前提是个性的自由发展。个性和创造性之间有着非常紧密的联系。高校想要真正培养出具有创造性的优秀创新人才，除了要努力让学生成为有作为的人，还要努力让学生成为一个个体独立的人，一定不能让学生成为工具化、模式化的人。虽然无法说个性得到充分发展，人就一定会具有创造性，成为创新的优秀人才，但是如果个性没有得到充分发展，学校很难培养出优秀的创新人才。因此，创新人才从这一意义上来说是个性充分且独立发展的人。

第四，创新和创新人才是历史概念。人们在不相同的历史时期，无论是对创新人才的理解，还是对创新的理解，均会有一定的相同或者不相同之处。当代社会的优秀创新人才既要面向未来，又要充分立足于现实，因此创新人才应该具备以下素质：一是专与博巧妙结合在一起的非常充分的知识储备；二是将创新能力作为创新人才特征的，并且具备非常发达的能力与智力；三是崇高的献身精神、积极的人生价值以及极为强健的体魄；四是将创新意识与精神作为中心的，充分发展的个性。

（三）创新性培养模式

高等学校的创新性培养模式，是指不同高等学校在创新性人才的培养过程中逐步形成的理论体系和方法体系的总和。一般来说，一个较为完整的创新性培养模式应具有以下四个基本要求：

（1）理论性。即有一定的思想或理论，这是创新性培养模式的基础。

（2）实践性。即有一定的操作方法和程序，这是创新性人才培养由模式走向实践的必备条件。

（3）特殊性。即有一定的适用范围和使用的各种条件。

（4）时效性。即有一定的目标和效果，并且是目标和效果相结合的统一体。

创立模式是创新性人才培养研究走向成熟的重要标志。当然，无论是现在还是将来，从宏观角度看，能够适合各种情况的最优模式是不存在的。事实表明，只可能存在适合一定条件的相对优化模式，模式的优劣是相对于运用该模式的院校的具体条件而言的，而一般院校与重点院校、一般院校与另一院校之间的具体条件显然存在着差别，甚至存在很大的差别。这些差别造成了人才培养过程中的各种不同定位思考与战略选择。因此，脱离具体条件进行单纯的模式追求，臆想有一个"放之四海而皆准"的最优模式是不现实的。尽管这样，提出有关创新性人才培养的一般模式，对高等院校开展以培养创新性人才为基本价值取向的创新教育来说，总具有一定的启示与指导作用的。

二、学生的创新性培养

（一）培养目标

1. 强化学生的自我意识

教师想要在具体的教学过程当中用创新性的方式对学生进行培养，需要对学生的自我意识进行不断强化。众所周知，教师在以前传统教学模式当中占据绝对的主体地位，学生是教师教学过程当中纯粹的接受者。长此以往，学生在教师传统的教学模式当中会逐渐丧失自我意识，进而将极度不自信、不积极和主动的学习状态展现出来。只有学生有了非常明显的自我意识，才可以在面对他人对自身做出相关评价的时候，更加科学、合理和正确地面对，并且也能够从他人对自身的评价当中对自我进行有效的反思，在自身反思的过程当中对自我进行相应的完善与提升。

综上所述，高校日语教师在实际的教学过程当中应该对学生自我强化的意识产生足够的重视。高校应该有效借助教学改革当中的各种活动，以及日语教师在日常具体教学活动中一系列正确、科学、合理的指引与引导，积极鼓励学生敢于大胆地表达自我，从而促使学生敢于和乐于将自我充分地表达和展现出来，进而在快速实现学生自我意识强化的同时，也实现学生主体意识的进一步强化。

2. 培养学生的求异思维

要对学生的求异思维进行全方位的培养。教师在以前传统的教学模式当中提出的学习目标是统一的，学生只需要按照教师的要求完成即可，教师并没有对学生之间存在的思维差异进行全面的综合考虑。与此同时，课堂上有限的教学时间也在一定程度上面限制了学生的思维，对学生从各个不相同的角度和阶段去深入地思考问题，以及将学生自身的独到见解充分展示出来是非常不利的。

高校日语实际的教学过程始终无法脱离创新思维进行有效发展，并且创新思维的核心部分就是求异思维。所以，日语教师在对学生开展教学的具体过程当中要对学生的求异思维进行全面的综合思考，如通过各种不相同的教学方法，如分组讨论、自由表达等将学生的思维充分激发出来，同时对学生提出和解决问题的相关能力进行重点培养，以便更好地促进和推动学生求异思维的不断发展与进步。

除此之外，日语教师在课堂上开展教学的时候，也应该留有一定的时间，从而可以提出问题，让学生针对提出的问题进行广泛的讨论，让学生可以在相对宽松的课堂环境当中，对问题进行充分的深入思考，并且将自身的见解积极地表达出来，进而逐渐将求异思维建立起来。只有这样，教师才可以为更好地培养学生创新性奠定良好基础。

3. 提高学生的创新兴趣

快速提升学生认识事物，以及对事物进行积极探索的能力的重要内在动力和源泉是学生的创新兴趣。当学生对创新产生非常大的兴趣之后，会非常主动和积极地把全部注意力投入到创新的活动当中，同时学生也能够在此过程当中体会到乐趣和收获一定的成就感。

所以，在日语教学实施的过程当中，高校应该通过各种有效的方式去努力提升学生的创新兴趣，如日语教师在各种有趣的教学活动当中对学生重视创新的重要价值进行正确、合理的指引和引导以及组织和开展创新思维讨论活动将学生的创新兴趣充分激发和调动起来等。日语教师应该在学生参与活动的时候对信息进行及时的有效回馈，鼓励与表扬有创新思维的学生，促进和推动学生更加积极、广泛地参与到各种与其相关的活动当中，且要对学生的创新兴趣进行不断地加强。

（二）培养建议

1. 更新教师的日语教学观念

随着时代的发展和社会的进步，人们已经处于一个全新的时期，社会各个行业在这一全新时期的发展速度都非常快，无论工作节奏还是生活节奏均在不断地加快，所以日语教师的教学观念也应该紧随时代潮流的步伐，真正地做到与时俱进，对教学观念进行及时、有效的全面更新。教师的教学观念是在深入的理论学习以及具体的教学实践过程当中形成的，它从某种程度而言对教学行为有着十分重要的指导性作用。在这一全新的时期，日语教师在教学的过程当中，要将快速提升学生的创新能力作为重要的出发点，并对最新的教学观念进行不断地深入学习和了解，要对日语教师自身教学观念所具有的紧迫性和重要性进行及时有效地更新。通过对自身教学观念的及时提升，日语教师可以在日常的教学课堂当中采用更加多样和有效的教学手段，更好地完成传授学生知识以及培养学生能力的教学任务，同时可在课堂上为学生提供相对较多的重要创新机会。

简单来说就是，日语教师在课堂上开展教学的过程当中除了要教授学生最基本的日语语言方面的相关知识，也应该重视和强调对学生进行正确的指引和引导，让学生能够对所学的规律更加顺利地全面掌握，甚至也包括知识创造的重要规律，这样才可以使学生获取知识的自主学习能力得到快速的提升和发展。日语学习课堂的气氛虽然应该最大限度地放松，给学生自由，但是需要注意的是该自由指的并不是课堂纪律，是学生的思维，特别是学生在发散性方面的思维。因此，日语教师在实际教学的课堂上面应该为学生留有充足的空间，以便让学生可以自由地想象和思索，一定不能将有限时间的课堂中全部用来讲解日语语言的基础知识。日语教师应该十分明确社会是非常迫切需要具有创新能力和意识的优秀人才的现实，学生的创新能力，从实际意义上来说就是在日语教师教学的过程当中逐级培养出来的。

日语教师在日常教学的时候应该允许学生敢于求异，并且敢于大胆地创新和探索，即使学生在创新、探索和求异的过程当中出现一些失误，日语教师也应该对其进行充分的理解，并且给予学生充分的支持。这样培养出的优秀人才，除了具有比较高的专业能力和综合素质以外，在创新能力方面也是比较强劲的。

2. 改进教学方法创新教学模式

教师教学过程中运用的教学方法不相同，最终取得的教学效果也是不相同的。日语教师在教学的时候为了可以把创新教学更顺利、成功地渗透到日常的教学当中，应该对教学方法的设计和优化产生足够的重视和强调，从而能够让学生在非常好的学习氛围和环境中，使学生自身在创新思维和能力方面得到快速的全面提升和发展。事实上，从教学的层面来看，无论哪一种教学方法都具有一定的缺陷，所以教师在具体教学的时候应该充分按照实际情况决定运用何种教学方法，同时也要充分按照学生的实际具体发展情况和教师教学的发展，不断地调整和改良教学方法。

日语教师在教学过程中能够运用情境教学的方法。该教学方法能够让学生在一种比较真实的环境或者情境当中，对所学的知识进行充分的掌握和了解，并且教师还能够通过对学生正确的引导和指引，在将学生的想象力充分发挥出来的同时，对学生的发散性思维进行有效锻炼，从而最终让学生充分理解和掌握所学的相关知识，如日语教师能够按照教学中相关的教材，在课堂上为学生构建一个比较逼真的机场接机情境。学生在机场接机的情境当中扮演不相同的角色，按照不同角色来设定对话内容，开展与其相对应的对话，同时教师要积极鼓励和激励学生根据自身扮演的角色，进行自由大胆的发挥，最大限度地将可能会遇到的所有情境充分展现出来。这样学生一方面可以对基本教学内容的相关要求进行深入了解和全面掌握，另一方面还可以对日本人的肢体动作等相关知识进行重点关注。所以，通过上面的内容我们可以知道，在全面快速培养学生创新能力方面，情境教学法有着非常重要的作用和意义。

日语教师在教学的时候运用任务教学法也能够获得不错的教学效果，这种方法对全方位、快速培养学生在创新方面的重要能力有着十分重要的作用和意义。所谓的任务教学法，主要指的是教师在教学的时候充分围绕设定好的某一特定教学目标，发布相应的教学任务，使学生通过各种不相同的方式，如个人学习、合作学习等来努力完成教学发布的学习任务。任务教学法不仅有着比较强的目的性，在实践性方面也是比较强的，学生努力完成教师布置的学习过程，从某种程度而言也就是学生进行自我思考的一个过程。学生把学到和掌握的知识联系在一起，并且对其进行相应的完善，在此过程当中学生能够发现很多不同的问题，也有一定的可能性对发现的问题进行积极的探究和探索，并且通过各种不同的方式主动地努力寻找解决问题的有效策略，这非常有利于教师快速培养学生的创新能力。

除此之外，在这样一个全新的时期，无论是科学网络技术还是教育事业，其发展都非常迅速。在具体的课堂教学过程当中，日语教师应该对信息、多媒体等先进的技术手段进行充分的利用，同时要通过信息资源海量的互联网平台，真正实现信息资源的共享，从多个不相同的渠道和方面积极寻找相关的教学资源。日语教师还能够在充分、灵活运用多媒体技术的重要基础上，在实际的教学过程当中运用各种不相同的教学方法，如合作式学习、探究式等组织和开展一系列相关的有趣活动，这些教学方法对快速培养学生创新能力是非常有效的。学生处于这样一个全新的时代，对新鲜的事物也更加容易接受和认可，因此学生对新媒体也有着非常浓厚的兴趣。日语教师可以在教学的过程当中通过新媒体教学将学生的好奇心充分调动和激发出来，从而让日语教师的教学效果得到快速提升，这对进一步激发学生在创新方面的能力与意识也是非常有利的。

3. 丰富教学评价鼓励学生创新

首先，充分遵循多元化原则。所谓的多元化主要指的是评价主体、评价目标和评价工具的多元化，特别是评价主体一定要严格遵循多元化原则，教师、学生以及教学的日常管理者均是评价的参与者。

其次，严格遵循激励性原则。无论是教师还是学生均应该明确教学评价并不代表考试，只有这样学生才不会对最终的学习分数过于看重。在完全建立好科学、合理的评价体系以后，教师应该将该体系当中的重要激励作用充分展现出来，如教师在实际的教学过程当中，让学生大胆尝试对古诗进行翻译，虽然学生对古诗翻译的精确度不是很完善，但是教师应该对学生敢于尝试和创新的精神进行大力的表扬。

最后，严格遵循实际应用的原则。日语的实际应用能力除了和科学的评价体系有着十分紧密地联系以外，还和教学有着非常紧密的关联。日语作为语言工具之一，在真实的教学评价过程当中应该对实际的应用能力更加注重。因此，此种教学评价一方面需要看学生是否会灵活、正确地运用日语将学生自身的情感充分表达出来，另一方面也要看学生对日语基础知识的掌握和了解程度。

三、教师的创新性培养

（一）教师创新性培养的内涵

创新实际上就是提出和解决新问题，并且创造出一种全新的东西。创新作为一种自觉思维，主要是在激情驱动下产生的。同样的，创新思维是因为爱、追求等最终形成的精神境界高度集中，并且沉浸于环境中最终产生的自觉思维。个体只有在非常强烈的创新意识的正确指引和引导下，才有一定的可能性产生十分强烈的创新动机，以及树立相应的创新目标，并且将聪明才智与创新潜力充分发挥出来，也将创新的激情尽情释放出来。

创新思维作为辩证思维之一，大多数情况下会被运用在人们的日常创新性活动的过程当中，和其他的思维特征相比较有着较大的差异。创新的激情对创新的产生有着非常重要的作用，同时创新思维无论是对创新的成功还是对创新的水平也起着十分重要的作用，其中创新的重要基础就是科技素质。衡量一位优秀教师是否可以成为创新型教师的重要标准就是教师是否具有创新能力。

（二）培养高校教师创新能力的重要意义

新世纪是创新知识的世纪，提高思维能力、培养思维品质，是发展创新能力的核心和关键，它是适应当代科技迅猛发展、符合"三个面向"精神、培养创造性开拓型人才所必须具有的能力。教育是培养创新人才、建立创新思维的关键。因此，在教师教学素质教育中创新能力显得尤为重要。可以肯定地说，一个具有创新意识的人常常表现出对未知领域充满探索的兴趣、热情，不为传统观念所束缚，能够迅速发现事物与事物之间、现象与本质之间的联系和区别，乐于追根寻源和检验论证，并且善于质疑，长于类比和富于想象。对这类人才进行培养，对国家民族、社会经济和科学发展都具有极为重要的社会意义和深远的历史意义。

（三）教师创新性培养途径

1. 培养教学创新能力

教学创新是指教师针对学生实际和教材特点，在新理念的指导下，在教学行为、教学方式等方面进行的创新，这种能力能使教师围绕"创新意识和实践能力人才目标"这个中心，改变学生学习方式，"带着教材走向学生"。以前因为传统的教学观念极度缺乏对学生创新成长非常有利的文化底蕴和背景，所以教师的教学始终停留在传道、授业、解惑的浅层次教学层面上，学生在实际的学习过程当中，无论是创造性还是主体性均无法得到进一步发展，学和教两者之间脱节极为严重。现如今，我们已经完全处于一个全新的信息文明时代，知识经济的重要性也已经逐渐显露出来，科技人才之间的竞争已经完全进入白热化阶段，因此需要教师在开展教学的时候对以前传统的"以教师、课堂和教材为中心"的教学观念进行相应的转变，树立"以学生为本"的教育理念，实现开放式教学，努力让学生产生自主独立的意识和学习动力，充分发挥他们的积极性和主动性，使课堂秩序活跃而有序。

2. 培养知识创新能力

我们知道知识的创新来自知识的积累。不积跬步，无以至千里；不积小流，无以成江海。没有丰厚的知识积累，就没有人类文明的繁荣昌盛。高校教师知识创新能力从某种程度而言是把教师的品德修养，以及政治思想素养作为重要基础的相关能力。因此，教师应该通过各种方式努力让自身的道德修养得到快速的全方位提升。教师要在观念上努力克服以前传统的偏爱与偏见，同时消除人为的优劣之别，给予不同个性学生将特殊才能充分展现出来的平等权利与机遇；要对学生的特能、特长等给予充分的尊重，对以前循规蹈矩的保守态度从根本上进行改变，正确、科学、合理地指引和引导学生标新立异；要敢持不一样的见解或者意见，一方面培养学生在思维上的批判性，另一方面培养学生在思维上的多向性，以及人格上的独立性。

教师的知识创新能力作为具有知识"复合型"特点的重要能力，不仅能使教师对本专业的知识十分熟悉，还可以使其汲取其他学科的知识。以前的知识是高度分化走向，目前正在向高度综合转变，很多新型的边缘学科将社会和自然的学科融为一体，因此学科之间的相互综合从实际意义上来说已经逐渐成为知识创新不可缺少的重要力量。

假如教师只对教材当中的"学问"重视，那么这就一定会导致教师的教育视野逐渐变窄。教师的知识创新能力能让教师非常善于在各种社会实践当中，将知识以一种非常巧妙地方式应用其中，从而使教师自身既成为教学研究成果的重要参与者，又成为其中的相关开发者。教师在实际的教学过程当中，要将知识巧妙转化为智慧，并且在研究中不断地提高和发展，让教育教学的各种实践可以真正做到有的放矢，只有这样才更加和教育教学的客观规律相符合。

3. 培养角色创新能力

教师的教实际上是为了学生的学存在的，因为受到很多机制或者制度的制约和束缚，如教育评价机制、升学考试制度等，现如今并没有对学习的重要精神价值进行大力的倡扬，反倒是让功利色彩得到了很大的发展，进而导致教师的教学活动逐渐成为急功近利的活动之一。因此，在教师的队伍当中，有很多的教师仅将教学的过程作为知识传授的过程。

高校新一轮基础教育课程改革对教师提出了很多的新要求，需要教师在多个方面发生转变，如教育观念、行为等。教师在教学的过程当中除了需要做好更加充足的心理准备之外，也应该进行角色调试，以便可以快速适应改革的步伐和浪潮。教师多变的角色对学生多个方面的发展产生了很大的影响，教师在实际的教育过程当中不仅仅是知识的传递者，还是学生的榜样、朋友和知己，同时也是心理治疗的工作者与学习者、集体的领导者等。

师生在教学的过程当中分别是主导与主体，教学活动只有在教师和学生共同的作用下，才可以顺利完成。只有让教师和学生两者之间的相互作用发挥出来，才可以充分激发与全面培养学生的创造性、能动性以及自主性，学生才可以得到快速的充分发展。所以，师生之间的关系是合作伙伴，师生的人格也是相互平等的，教师要在充分尊重学生多样性和差异性的同时，也要足够重视和强调其创造性。

第二节　思维创新在日语教学中的实践

一、日语教学的思维创新理论研究

（一）日语教学思维模式的创新

1. 创建新型教学思维模式

第一，养成学习意识。学习者从另一层面来看是知识结构的主动建构者，不是信息的被动接收者，学习者不断学习的过程也就是新经验与旧经验之间相互作用的过程。学生的自主学习意识实际上是学生积极、主动参与教师课堂教学的重要原动力，对快速全面培养学生在创新方面的意识是非常有利的。所以，教师在课堂上开展教学的时候不应该仅仅向学生传递相关知识，还需要在潜移默化当中有意识地将学生的自主学习意识充分激发出来，积极指引和引导学生对知识的内在结构进行正确、合理的有效把握，并让学生对知识的产生过程也进行更加深入地了解，并且积极主动地参与其中，在充分掌握和了解所学知识的难点与重点以后，逐渐为将其转化和内化为能力、素质奠定更加坚实的重要基础。

教师在教学的过程当中要全面和明确了解学生的学习基础以及认知结构，将要传授给学生的知识内容作为重要主题，教学要充分围绕学生以及学生的实际学习过程的相关特点来组织，在课堂上向学生提出的问题既要具有争议性，又要具有一定的启发性，积极鼓励学生大胆地独立思考，或者和同伴共同合作努力，协商有效的解决办法，之后教师再根据学生讨论的具体最终结果进行一系列的正确、合理指引和指导。此种创新型的课堂教学模式将以前的"重教"转变为"重学"，使学生充分按照自身的实际需求，对教学资源进行科学、合理的利用，更加积极、主动地完成教师布置的学习任务，在可快速培养学生主动学习创新意识的同时，对培养学生独立思考的创新意识也是非常有利的，其教学过程也真正做到了以学生为主，可将学生重要的主体地位充分展现出来。

第二，教师和学生之间有效互动的新型教学模式。在教师和学生之间互动的全新型教学模式当中，教师的正确、合理的启发引导是教学过程中的重点所在，可以有效实现教师和学生之间的互动。新型教学模式的基础是教师和学生作为互动的主体，师生之间可以双向能动。极为重要的学习形式之一就是参与式学习，师生之间良好的合作和沟通在知识构建的过程当中变得越来越重要。无论是教师还是学生，均应该在实际教学的过程当中将自身主观能动性、创造性以及积极性充分发挥出来，并将其作为极为重要的前提，将积极创设和谐、平等和民主的教学环境作为重要条件，同时将知识作为极为关键的载体，积极主动参与与主体的共同发展。

在教学的方法上不仅要使学生的主体地位得到相应的保障，还应该保障教师的主导地位，同时要对学生的自主互动应该得到教师一系列的正确指引、引导与调控进行重点强调，从某种程度而言这是学创结合以及快速促进教学相长的教学，一方面可以将学生的主动性充分调动起来，并使学生的创造性得到进一步的增强，另一方面也可以促进和推动学生创新素质的快速发展。

学生在教师开展的具有创造性的教学课堂当中，需要主动、积极地参与教师的教学过程，以及知识的进一步发现，教师和学生需要积极开展双向之间的相互交流和沟通，相互协作、配合，共同完成活动与会话任务，既要让学生在展示学习成果的过程中增强自信，同时也要让学生在不断讨论问题的过程当中增强自信，从而实现"学"和"教"两者之间的和谐统一，最终让教师快速收获课堂教学的最大效益和成果。

2. 创新教学方法，优化教学过程

首先，课堂教学设计。课堂教学设计应该充分按照教学内容、对象和目标的相应特点，运用科学系统的观点，更加合理地选择与设计教学媒体信息，同时在系统当中巧妙地有效结合，最终形成优化的教学系统结构。站在建构主义教学设计原则的层面来看，日语课堂教学应该将学生学习的诸多基本特点充分展现出来，如主体性、合作性等。

  日语教师在课堂上为学生授课的时候应该对激励机制进行合理、恰当地灵活运用，要将情感作为重要的纽带和桥梁，将学生学习日语的欲望与兴趣充分调动起来，同时也要将学生学习日语的主动性和积极性也激发出来，为学生营造一种有利于相互交际的良好语言环境。因此，可以通过以下几种途径或者方式积极构建课堂情境，为学生营造一个非常好的学习环境，或者创造一个较好的心理状态。一是，将学生学习日语的浓厚兴趣充分激发出来。日语教师在备课的时候可对有趣的文字游戏进行精心筛选，使学生在课堂上表演出来；在课堂上讲一个励志故事，播放一段录像、录音或者日语歌曲，均可以将学生的好奇心唤起来，使学生在产生非常强烈求知欲望的同时，在情感上产生共鸣，进而将学生学习日语的浓厚兴趣充分激发和调动出来。实际上，学生求知和创新知识的重要先决条件是兴趣，并且兴趣也是学生学习日语的内部不竭源泉和动力，所以教师可以收获非常好的出奇制胜的良好教学效果和成效。二是，培养学生在发散方面的思维。创造性思维能力的重要有机组成部分是发散思维，并且发散思维也是创造型人才必须具备的重要智能素质。知识与想象力之间相互比较，后者更加重要，原因是知识是非常有限的，世界上的所有都是被想象力概括的，同时它也推动着世界不断地进步，是知识化的重要源泉和动力，想象力从严格意义上来说是科学研究当中的重要实在因素。所以，对学生发散性思维进行有效培养的第一步是训练学生的想象力。日语教师在课堂上创设某一特定的情景，要促使学生充分灵活运用头脑当中已经存在的想象，创造一个全新的形象，并且要让学生善于深入挖掘教学当中蕴含的重要创造性因素，在细心点拨学生的同时，对其进行正确的引导，让学生可以开展更加丰富的想象，大胆地发散思维，以便将学生的创造力充分激发出来，以及将想象力也充分调动和激发出来。三是，日语教师要在课堂上对学生进行有针对性的教学。针对性教学是教学方法的关键核心所在，因为每一位学生都是独立存在的个体，有各自的性格，这就导致学生们接受问题、思考问题以及解决问题的方式也存在一定的差异，所以教师在实际的教学过程当中要对学生的学习要求有更深入的了解，处于和学生相互平等的位置，要在课堂教学中用更加饱满的教学热情去感染每一位学生，并且用更加丰富、有趣的知识去吸引学生的注意力和好奇心，要和学生在心灵上相互交流和沟通，为每一位学生提供参与教学活动的重要机会。日语教师要在课堂上通过各种不相同的方式努力营造一个宽松的气氛，让学生的个性得到真正地自由发展，教师和学生两者一起构建生态型"学习场"，从而使每一位学生感受到快乐的同时，也可以享受到获得成功的喜悦。

其次，积极倡导深入探索研究的创新思维。研究性学习作为全新的教学方式之一，从某种程度而言是在创新以及素质教育的相关思想观念的深刻影响下催生出来的，日本将此种教学方式称为综合学习。积极组织和开展研究性学习，提升和增强学生的创新素质和主体性是非常重要的前提，其根本是进一步培养学生的探究精神以及创新精神。课堂要求全面实施"过程教学"，一方面要对学生快速适应实际生活进行全面的培养，在积极培养学生在动手实践方面能力的同时，也培养学生在有效解决实际问题方面的相关能力；另一方面，要对学生收集分析以及充分灵活利用信息的能力进行大力培养，使学生真实地体会和感悟知识形成过程其实就是学习形式之一，这既非常有利于学生更加牢固地掌握所学知识，又可以更加直接促进和推动学生主体和创新精神的快速发展。积极构建教师和学生之间相互平等交流、沟通，以及师生一起探索研究问题的良好学习氛围、将学习过程展现为学创巧妙相结合的过程，实际上是正确指引和引导学生开展探究性学习的关键所在。教师在教学课堂上开展教学的时候应该帮助学生学会学习，要将自学的办法传授给每一位学生，给予学生更多的自主时间和思维空间，以便让学生去发现问题和总结相关规律。

3. 教师的综合素质

随着时代的发展和教育事业的进步，在这样一个全新形势下的高校日语课堂教学的创新，不仅对日语教师提出了很多全新的要求，还对日语教师带来一定的挑战。创新教育的重要指导者是教师，在整个教学的过程当中教学活动的主要参与者处于非常重要的位置，不可忽视。以前传统的教学作用与功能，一方面无法真正触及学生的重要精神内需，另一方面也无法将教师对学生学习的关键前瞻性引领充分有效地发挥出来，教师在教学过程中的主导作用呈现一种边缘化的倾向。

教师在实际教学过程当中的重要职责既包括传道、授业和解惑，也包括在对学生的智慧进行相应的启迪的同时，也对学生创新思维的闪光点进行及时有效捕捉，以及将学生的创新潜能充分激发出来。特别是在外语课程中，语言的更新速度特别快，新的知识也连续不断地出现，真正有效的教学是教师启发学生从各个不相同的角度，让学生对本身自以为已经明白的东西进行重新领悟，学会透过事物表现的现象对本质进行研究和探索，以及让学生可以自觉实现对问题背后的重要价值进行及时的反思的目标。

因此，这就对教师提出了更高的要求，教师在保持知识更新的同时，也应该具备比较的创新能力与意识，能自觉把创新思维巧妙地和知识传授结合在一起，从而为创新教育提供更直接、深刻的感悟和体验。与此同时，教师也应该在学生创新教育的过程当中起到正确的指引、引导与示范的重要作用，通过教师自身的因素，如创新思维、创新能力等去进一步感染和全面带动学生创新能力的最终形成与快速发展。由此可知，只有创新型的优秀教师才可以真正地实施创新教育，并且培养出创新型的优秀学生。因此，教师需要对以前传统的角色与观念进行相应的转变，紧随时代潮流的发展，对教学理念不断地更新，不断提高和完善教师自身的综合素质以及相应的知识结构，并通过各种方式努力让自身创新教学的水平和能力得到提升，教师只有这样才可以真正成为创新教学的重要指导者。

4. 创新教学、改革教学评价

在教育教学的过程当中，教学评价是非常重要的组成部分，作为重要的环节，它是一定不可以缺少的，它的作用表现在很多不同的方面，如激励导向、区分和优选等，所以教师开展创新教学的时候，应该强调和注重教学评价的改革。以前传统的评价体系对书本极为重视，同时也非常关注学生掌握所学知识的精细程度，大多数的考查内容是学生学到了哪些以及学习得怎么样。创新教学思想下的评价体系以创新思维为核心，以自我管理为目标，以学生自主学习作为重要基础，三个方面非常巧妙地结合在一起，使学生将自我充分地展现出来。最终获得成功的喜悦和体验是评价的目的，并且评价的过程也是学生不断学习、相互交流以及快速提高的重要关键环节。测试作为学生评价的主要方式，是学校对学生成绩以及教师教学效果检查的方法之一，它要求所有和语言有关的活动测试均应该在某种特定的语境与情境当中进行，学生在此过程当中除了需要灵活运用掌握的相关知识以外，也需要通过各种不相同的有效交际策略来更好地完成相关任务。

首先，要进一步加大对试题改革的力度，同时兼顾对听说读写译五种重要能力的一系列考查。完成试题的形式能有各种不相同的形式，如个人、小组讨论等，要将语言交际的互动性完全展现出来。

其次，听力测试、笔试和口试应该被视作测试评价的主要手段，日语课程的考试包括学生的期中、期末考试，小组讨论的表现等多个方面的考核。评价的主体能是教师对学生进行科学、合理评价，也可以是学生和学生之间相互评价、学生自评等有效结合的方式。评价方式的原则以展现激励为主，创新教学评价的主流是积极的自我激励。为了让评分与考试可以更加真实地将学生水平充分反映出来，在对学生总结性评价的过程当中可以将形成性评价当作辅助，从而促使学生提升对日语学习的兴趣和热情，把日语基础性相对不好学生的积极性和主动性充分调动和激发出来，最终使测评的有效性得到大幅度的增强。

随着时代的进步和教育事业的不断发展，高校的体育教学改革也在其影响下得到进一步的深入，因此高校日语教师不仅在专业素质和业务能力方面面临新的挑战与要求，日语教师的知识结构也面临一定的挑战与要求。因此，日语教师在教学的过程当中需要紧随时代潮流的步伐，对自身教学的角色与观念进行及时、有效的转变，并要注重和强调课堂教学模式的一系列创新和改革，要通过各种当时对课堂有效教学的全新方法和思路进行不断的研究和探索，在积极培养学生发现问题、探究问题以及快速解决问题的相关能力的同时，也对学生的创造能力与创新意识进行积极的培养。日语教师只有通过各种不相同的方式，让自身的综合素质得到不断提升和发展，并且在实际教学的过程当中大胆的改革和敢于实践，才可以在教学中实现真正的创新，从而最终培养出优秀的创新型日语人才，这些人才不仅可以充分符合社会的不同需求，还具有较高的水平和能力。

（二）日语教学中思维创新能力培养研究

1. 日语专业创新人才培养的意义

创新人才的培养从实际意义上来说是一项非常系统的工程，因此高校除了需要为学生创造具有浓厚创新氛围的环境之外，还需要有切实可行的有效方法。从政府的角度来看，一方面为了让日本可以快速、高度适应经济社会实际发展的各种需求，充分摆脱困境，让工业的竞争力得到更好的保持，另一方面日本为了可以快速培养出更多优秀的高端人才，以及为众多年轻的创业者营造一个良好的创新环境，日本政府积极组织和开展了领先研究学校计划、博士学位改革项目等众多项目与有力措施。从学校角度来看，通过各种不相同的方式最大限度地为学生提供一个非常优质的良好学习环境，从而最终使学生逐渐成长为国际社会当中真正发光发热的优秀个体。

2. 日语专业创新人才教育的培养目标

目前，高等教育改革的重点内容是创新教育，同时随着时代的发展，在这样一个全新的时代当中，创新教育也是高等教育培训目标的重大变化之一。创新教育研究目标从某种程度而言是借助对创新教育模式的提高，积极培养高校学生在创新方面的意识，以便为高校学生毕业以后更好地就业奠定更加坚实的基础，同时高校学生处于一个全新的时期，创新教育也可以有效地解决高校学生就业时需求与供给的矛盾，让高校培养的众多优秀人才可以和市场的实际需求更加符合，最终使高校的人才培养目标得到很好的优化，这对于当前高等教育大众化来说是非常重要的，一定不可以忽视。高校只有努力培养出更多高质量的优秀人才，才可以使自身的竞争力得到相应的提升，从而最终处于一个不会失败的地位。

3. 日语专业创新人才能力培养存在的问题

首先，深入解析当前日语专业创新教育存在的众多问题。通常情况下，日语专业的学生因为会在无意识当中受到学科特定的限制和束缚，其创新方面的意识比较缺乏，已经习惯了按部就班。与此同时，大多数的日语专业教师在实际教学过程当中也比较缺乏创新教育意识，无法对学生进行一系列高水平的正确指引和引导，使得高校日语专业创新教育发展的速度和其他学科相比较非常缓慢。高校专业人才培养方案并没有真正将创新教育理念充分地展现出来，课程的设置也没有紧随时代潮流的步伐、与时俱进，创新教育课程极度缺乏，创新教育培养被严重忽视。深入研究和分析当前日语专业创新教育存在问题的有效解决措施，需要构建一套非常完整、合理的课程体系，把日语专业巧妙地和创新教育融合起来。在比较长的一段时间之内，有很大一部分的人认为外语专业创新是无稽之谈，和理工科相比较没有一定的可行性，因此将此种传统观念的束缚与制约打破是重中之重。

其次，科学制定一套非常完整的合理、有效的人才培养方案，在将创新教育特色充分展现出来的同时，也很好地保留日语专业的特色。从学生的层面看，排在首位的是学生的日语水平，因此在使学生日语水平得到提升的过程当中，怎么样对学生的创新意识进行更好地培养，使学生的创新能力得到大幅度的提升，是一个非常关键性的问题，不可忽视。

最后，在新时期对学生的创新能力进行积极的全面培养，是国家有效进行高等教育改革的任务之一。所以，怎么样才可以快速构建一支具备正确、科学以及合理指引、指导日语专业学生创新活动的优秀师资队伍是一件非常重要的事情。如若没有一支非常优秀且具有指导学生创新活动能力的师资队伍，也就没有办法去培养日语专业学生的创新能力。

4. 日语专业创新人才能力培养方式方法

首先，要对日语专业创新教育课程体系进行有效的优化。高校要增设一些《创新能力实践》等可以提高学生创新能力的相关课程。高校通过实施这些课程和实践教学环节，对学生灵活运用所学技能与知识和提出、分析以及解决问题的重要思辨和创新能力进行重点的培养。一方面，让学生具有充分运用现代教学手段，积极开展合作与自主学习的相关能力；另一方面，让学生具有文件查阅、资料收集以及发现新问题，并且可以深入分析与解决问题的创新实践能力，从而大幅度提升学生的创新意识，为高校学生毕业以后的更好的就业打下良好的坚实基础。

其次，要对考试方式与教学方法进行一系列有效改革。日语教师在基础日语教学的过程当中应尽可能多地运用交际教学法，积极创新课堂的教学模式。日语教师在实际的课堂教学当中要努力为学生打造一个良好的日语氛围，并且尽可能多地在课堂上开展交际活动，如会话表演、辩论等课堂活动。师生在此类活动当中相互转换以前传统的角色，教师在活动中的主要作用是有效组织与正确地指引和引导，学生在活动当中起到非常重要的主体作用，是课堂交际活动的重要参与者。此种有趣的课堂交际活动能够将以前传统教学过程当中的沉闷局面打破，并且把学生学习日语的主动性和积极性充分调动和激发出来，促进和推动学生创新意识的快速形成。期末考试是以前传统评价方式的侧重点，仅仅是对学生理解和记忆的理论知识进行测试，除了无法将学生日语实践应用的水平充分反映出来之外，也无法将对学生创新能力的培养反映出来。所以，教师需要对以前传统的评价方式进行积极的改革，将过程考核作为主要的评价方式，真正地做到兼顾过程和结果评价，并在课程教学的过程当中将评价贯穿其中，从而真正实现教、学和评三者的有机结合。

最后，要对日语专业人才培养的方案进行相应的修订和完善。要在日语教学的过程中增加实践教学的比例，尤其是增加可以培养学生创新能力的课程学时。高校在不断加强课内实践教学的同时，也应该加强对学生的课外实践教学。实践教学的主要场所是课堂教学，从外语专业的层面来看，培养语言应用能力，实际上是反复实践和强化训练的一个过程，因此在外语教学过程当中，课堂实践是非常重要的存在，不可忽视。需要注意的是，教师教学的侧重点与课程性质的侧重点有着一定的差别，所以具体的实践环节应该充分按照每一门课程的相关内容去进行相应的设计。

（三）输出驱动理论下日语翻转创新思维研究

在输出驱动假设的相关理论的正确指引和引导下，教师将快速提升学生的翻译技能和拓宽其知识面，以及全面培养学生思维和实际应用的能力，并能将其有机、巧妙融合在输出与输入的学习过程当中，以便于将学生学习的浓厚兴趣充分激发和调动起来，同时让学生语言能力的全方位发展获得更加广阔的空间。

输入假设是语言习得理论之一，指出了想要完全实现语言习得，需要充分保证学习者对语言输入的完全理解。与此同时，需要有效输入涵盖一种语言项目，在水平上和现有的语言能力相比较是偏高的，即当前的"i+1"理论，语言习得不一定要将语言输出纳入其中。Swain 在 1995 年针对这个问题专门阐述了"输出假设"，表示语言输出除了能够让语言使用的流利程度得到大幅度地增加以外，还有假设检测、注意等一系列功能。练习者在语言输出的过程当中会多次反复地修正，以及有效检验对语言输入的相关认知，这样的结果就是快速实现了语言输入的有效吸收。

我国高校的外语教学一直在"输入假设"理论的影响下强调语言的输入忽视语言的输出。课上采用老师讲、学生听的方式，以课本为中心，力求让学生弄懂课文中的单词、短语、句子，精讲语法规则，强调知识体系性和规范性的传统教学。不论院校教学水平高低、学生的能力高低，都采用固定的几套教材，在有限的时间内只是依赖课本，因此学生在课堂上很少有机会连贯表达。这种输入为主、输出为辅的理念是否适应灵活多变的社会需求是当前高校教师值得思考的问题。

二、思维创新在日语教学中的应用

（一）思维创新在日语课堂教学中的尝试

1. 以语感带动听、说、读、写活动技能

日语作为课程之一，其实践性非常强，与听说读写有着不可分割的紧密关系，无论是说话人将自己的意图准确表达出来，还是听说人对表达者的语言习惯快速地适应，以及十分准确、精准地领会表达人想要的具体情景叙述，均会在一定程度上面受到某一特定情景的相应限制。日语教师要在实际教学的过程当中为学生积极营造一个宽松、和谐的良好日语环境和氛围，使学生在课堂上处于语言表达的环境或者氛围当中，进而产生非常好的教学效果。因此，日语教师在设计此种环境的时候，除了需要将素质培养和交际能力作为重要核心以外，也需要将学生不断学习日语知识作为重要目标，日语教师可以通过自身的动作、表情等将日语语言变得更加有趣，充分吸引学生的注意，最终让学生在学习日语的时候通过听音、看景以及会意，让音义产生最直接的联系，从而让学生不断提高运用日语思维方面的相关能力。学生们能够在运用于实际生活的日语对话当中扮演各种不相同的角色，这样做的好处就是帮助学生消除学习日语过程中的心理障碍，从而可以开创一个敢说、敢想的良好局面和状况。

除此之外，学生在实际表演的过程当中，能够灵活地用语感将听说读写活动技能充分带动是极为重要的，不可忽视。语言的要素包括很多个方面，如语法、语调等，这些要素均有着非常紧密的关系，不是单一独立存在的。学生语言能力的发展，包括训练语言逻辑和语言规则的推理、演绎，同时更加重要的是学生通过在语言方面的大量实践，最终形成的语言直觉，简单来说就是语感。在语感方面比较强的学生，在学习的时候也就越可以加速学习以及创造性地对外语进行灵活运用。学生在日常的生活、学习当中通过海量的口头练习，能够在潜移默化当中形成独属于自身的日语思维习惯。各种创新思维能力的综合表现就是写，这无论是对学生的日语逻辑思维能力，还是学生的日语分析与解决问题的能力，均有着比较高的要求，对学习日语的学生来说是一个不小的挑战。学生在学习日语的过程中应该保持每周写一篇小短文、小对话的习惯或处于某种特定的写作情境，这些实际上均和学生的语感支持有着密不可分的紧密联系，所以学生形成良好的语感，对学习语言的学生来说是非常重要的，不可忽视。

2. 通过多种思维训练，增强创新思维的能力

首先，小剧表演或者自由对话。日语教师在课堂的实际教学当中，在学生学完和充分掌握每一次的对话之后，在让学生扮演对话的同时，也应该使学生充分按照已经掌握的相关日语知识，积极地创造一个全新情景，并且自编一个全新的日语对话。学生在通过此种训练以后，会逐渐由以前单纯的方法去模拟日语对话，并向着日语思维模仿的方向发展，最终将学生的创新思维充分地激发出来。

其次，对话接龙法。实际上，此种方法就是让学生在课堂上编对话，并且是一个接一个地衔接，中间不间断，前面学生讲述的内容从某种程度而言是后面学生讲述内容的重要基础，后面学生讲述的内容则是进一步延续与发展前面学生讲述的内容。

最后，看图说话。学生通过此种方法训练可以进一步巩固和加强学到的相关日语知识，同时这种方法也可以对学生的语言表达能力以及想象力进行更好的训练。

3. 变个人竞争为小组合作

所谓的小组合作实际上是教师在课堂上创设相关的问题情景，学生通过独立的思考、实践或者深入的探究发现，并且在做好充足准备的基础上，开展小组讨论、结对子或者其他相关活动，从而进行更加深入的小组交流合作学习。小组合作除了可以为学生提供面对面交谈的机会，还可以为学生提供独立运用语言的良好机会，使学生和学生之间产生信息上的相互交流，同时让学生在交互的活动过程当中及时得到信息的反馈，从而让其进行快速的修正。小组活动可以让班级上的所有学生，在同一个时间当中快速地投入到某一活动中去，并且可以在打造出一种交互情感气氛的同时，收获一个互动的良好课堂效果。题材也更加丰富多样，可以让学生有更多的自由、选择与机会，将自身的想法充分表达出来，从而具有更多的责任感，将自主性进一步发挥出来。学生之间在合作交流的时候，通过相互启发、讨论与学习，其思维由集中到发散，再由发散到集中，学生的思维在集体智慧当中能够得到进一步快速发展。在课堂教学当中使所有学生在小组合作当中既动手又动脑，从实际意义上来说是快速发展学生创新思维的有效方法。

综上所述，日语教师在实际的课堂教学当中应该通过各种不相同的有效途径，

从多个不同的角度或者方面对学生的创新性思维进行积极的鼓励，这与教学的启发性原则十分符合，可以让学生在学习日语的时候更加广泛和灵活地思考，使学生应变能力得到增强，也可以快速增强学生的想象力，并且可以将学生学习日语的浓厚兴趣与欲望充分激发、调动起来，对学生思维的变通性、敏锐性等，以及敢于创新的精神进行全面的有效培养，从而更好地为学生在创新精神方面的培养提供途径，还可以为学生智力的进一步发展提供有效的关键途径。

（二）在日语教学中培养学生的创新思维能力

1. 针对教育对象，倡导合作互动，活化教材

新版的《中日交流标准日本语》虽然从内容上来看非常的新颖，与现代人们的实际生活更加贴近，为学生提供了大量学习日语的相关信息，但是日语教材当中的图文知识均是静态的，不是动态的，这就导致日语教材内涵有一定的内隐性。如果日语教师在教学的时候可以通过一定的办法使这些静态的日语图文知识变成动态的图文知识，并对学生的想象力进行最大限度地开发，将相关的情景真实地还原出来，这样可以在使课堂容量增大的同时，让信息也变得更加丰富，从而最终使日语教师的课堂教学效率得到较大幅度地提升。为了做到这一点，并将学生在创新思维方面的空间进一步拓宽和延伸，作者提倡通过合作互动的方法，也就是在日语教师的一系列正确指引和引导下，让学生严格按照课文的内容，分组进行某一特定的情景模拟。

日语教师需要在学生进行情景模拟演示的时候，积极鼓励学生进行大胆创造，最大限度地做到"活"与"广"，其中前者主要指的是在创造或者二次创造的时候要灵活，一方面要严格遵循教材当中原有的设计，另一方面也应该充分摆脱其束缚和限制，对教材当中的内容进行合理的取舍与增删，只要可以更好地为教学和教材提供服务就行；后者主要指的是课堂中的每一位学生都参与和展现。由此，学生通过情景模拟的演示，不仅能够对课文当中的相关日语知识点更加熟练地掌握和运用，还能够在对思维进行培养的同时，进一步开启自身的才智，除此之外，学生在实际的课堂教学当中，站在讲台上将亲自编创的情景对话表演出来，这对大幅度提升学生的实践能力以及创新精神也是非常有益的。

2. 立足"学用结合"，精心设置学案

"学用结合"作为教学思想（或者教学理念）之一，在外语教学当中最受推

崇，同时也是最基本的。"学用结合"在实际的日语教学当中要求教师尽最大的努力使学生做到学有发展、学以致用、学得透和活，并对学生在用中学以及在学中用进行着重地强调，让其对学到的内容进行充分理解和认识。与此同时，将掌握知识的重点与关键点，放在对思考力的深入、挖掘以及全面培养上面，严格让学生按照学生对问题思考的特点与方式，通过各种不相同的有效渠道将知识结构努力铺垫成学生思维的方式，并通过一系列的提问、探索与点拨，对学生的思维进行正确的指引和引导，积极鼓励学生大胆尝试从多个不同的角度去思考，在学生学习知识的过程中也可以对学生的思维方法进行训练，用思维方法去正确、科学指引和引导知识学习。

学生在学习日语的过程当中对重要的基础知识进行更加全面的牢固掌握，和日语教师一系列的正确指引和引导有着密不可分的紧密关系。只有教师在教学的时候传授学生科学、合理的学习方法，学生的能力才可以得到一个较大幅度的提升。学生在刚刚开始学习日语的时候普遍基础比较差，因此日语教师应该在学生学习日语的初期阶段精心设置学案，对每一个单元的课文阅读采取"合作学习""运用创新"以及"自学探究"有机结合在一起的教学方法。

在正确、科学指引和引导学生自学日语的时候，日语教师应该和目标语言相结合实施教学，使学生专门针对目标语言，真正地做到学用结合，从而有效将学生积极思考，以及发现、提出与解决问题的潜能充分激发出来。与此同时，教学课程的顺利实施不仅能让学生自学日语的能力得到提升，还能大幅度提升学生灵活运用日语的相关能力。

3. 鼓励立异标新，启发学生发散思维能力

在实际教学的过程当中，教师要从多个不相同的方位和角度去设计各种思考题，积极发展学生横向、联想等多个方面的思维，让学生不再单纯地停留在掌握与了解所学的内容上面，要让学生对现学的知识进行更加充分地利用，与所学的知识进行巧妙结合，去进行深入的研究和探索，以及积极地创造，使学生在创新思维方面的深度进一步增加的同时，积极培养自身在创新方面的重要能力。日语教师在语篇教学的时候应该充分按照教材的语言材料，为学生设置相关的疑点和难点，并通过多种不相同的思维训练方法，正确指引和引导学生对课文内容进行合理、科学的二次加工，积极鼓励和激励学生从多个相同的角度和方面进行大胆

的思维创新。

随着全球经济化趋势的不断加深，日资企业在中国的数量也逐渐增多，这将学习日语的热潮掀了起来。为了可以快速实现日语人才培养的重要目标，以及进一步深化教学改革，日语的教学过程变得愈发重要和关键。日语教师在实际教学的过程当中要积极培养学生在创新思维方面的能力，将学生学习日语的浓厚兴趣充分激发出来，同时也将学生学习日语的主动性和积极性全面调动起来，让学生快速形成自觉和自主学习日语的良好习惯，最终让培养出来的优秀学生一方面可以充分掌握学习知识的正确方法，另一方面还可以对所学的日语知识进行更加充分的掌握和了解，做到灵活的运用。

（三）创新教育在日语中的应用

1. 树立正确的学生观

日语教师在实际教学的过程当中应该以人为本，相信学生存在的巨大潜能以及可以独立、自主地学习。同时，日语教师应用发展的眼光看待每一位学生，相信每一位学生都具有可塑性，是不断变化发展和进步的个体。因此，在课堂上开展具体教学的时候，日语教师需要树立正确的学生观，实施因材施教，真正做到让学习成绩偏好的学生"吃饱"，让学习成绩中差的学生"吃好"，让每一位学生可以自主地参与到非常激烈的竞争当中，让全体学生的素质共同提高。

2. 创设教学气氛，激发学生的创新意识和动机

日语教师在教学的时候对学生的态度应该是既要微笑与点头，又要专心听他说，并对其进行鼓励和赞美。其中，微笑事实上代表的是一种非常亲密的关系，同时也是一种喜欢或者不讨厌的相关个体表现。微笑作为进一步增强教师和学生关系的"营养剂"，是教师转变态度的第一个步骤；点头代表完全接纳对方，是一种增强和鼓励，能够让对方将想法继续表达出来。当学生看到教师对自己点头以后，大多数情况下会受宠若惊，对教师产生更加亲切的感觉。专心从某种程度而言是一种非常专注行为的具体表现。日语教师在教学的时候，要通过各种不同的方式，如眼神、姿态等集中精神和学生进行更好的有效沟通、交流。专注行为会对学生产生非常有利的影响，能鼓励学生将自身的想法与观点充分自由地表述出来。简单来说，就是教师在教学的时候充分的尊重学生，会产生非常强有力地增强作用；听他说实际上是一种非常独特的倾听。教师在教学的过程当中不仅要

用耳朵听学生的话，还要用眼睛对学生一系列的身体语言进行重点的关注和重视。解决问题的全新方法是听，同时它也能够在人们相处的关系上发挥非常重要的力量，也能够有效减轻或者缓解极为紧张的情绪或者巨大的压力，其原因是无论是一个怎样的场面，如狂暴、冲动等，当一方在非常专心倾听的时候，整个氛围或者气氛已经被有效地缓和了。

3.培养学生的参与意识和协作精神

第一，教师在教学的时候，要努力为学生提供各种参与教学的重要机会，将学生学习的浓厚兴趣不断激发和调动出来，并且要对其进行一系列的正确指引和指导，为学生提供众多创造时间与创造空间的同时，也要为学生提供更多的思考；第二，要加强在课堂上的讨论，对学生的竞争与创新意识进行不断地强化，并且也要积极培养学生提出与解决问题的重要能力；第三，日语教师在课堂上教学的时候可以把日语游戏引入其中，在游戏当中对学生的参与意识和想象力进行培养。日语课堂教学活动，一方面可以传授学生语言知识以及训练学生相关的语言能力，另一方面可以让学生和学生、教师和学生之间在信息相互传递，情感相互交流、沟通的过程当中，产生思维的激情碰撞以及获取全新的知识。日语教师在课堂上开展小组等相关的教学活动，应该以小组成员合作性活动为主体，标准是小组完成目标，相关评价依据是小组成绩奖励。教师和学生在小组内相互讨论、评价、启发以及激励，可以使学生的思维空间得到有效拓展，也可以使学生在创造思维方面的能力得到大幅度的提升和发展。

4.设疑布阵，激发求知

日语教师在教学的过程当中，应该善于正确指引和引导学生于无疑处觅有疑，善于激疑，要对学生发现问题的重要能力进行有意识的训练。日语教师在教学时可设计一组相似的问题，让学生沿着日语教师正确引导的逻辑思维逐渐深入，从而收获触类旁通以及恍然大悟的良好效果。除此之外，日语教师也要让学生按照日语教师 系列的正确指引和引导，使学生通过自己的努力去发现和探索，得出最后的结论。日语教师应该积极鼓励学生质疑难题，同时培养学生敢于标新立异、逾越常规以及想象猜测的精神。因此，日语教师应该正确指引和引导学生在面对问题的时候，从多个不同的角度或层次来探索求异，并且也要引导学生进行广泛的联想，在训练学生发散性思维的同时，有效帮助学生对问题进行归纳和总结，及时发现新问题。

5. 重视学法指导，培养自学能力

优化教育的重要原则就是传授学生有效的学习办法。创新教育的关键所在是对学生的学习方法进行一系列的正确指引和指导，在培养学生养成良好学习习惯的同时，对学生的自学能力进行积极的培养，同时将学生学习的主动性和积极性充分地激发和调动起来。对学生自学能力培养的途径有很多，如日语晚会、开办日语角等，可最大限度地让学生在学习的过程当中多动手、动脑、动口以及动眼，从而让学生进一步受到启发和激励，产生一定的联想和好的灵感，最终不断地培养与训练学生自身在创新方面的相关能力。

日语的自学能力主要包括以下几个方面：一是学生可以充分按照读音的规则去拼读和拼写日语单词，以及熟练地朗读日语课文；二是学生可以独立运用视听手段听懂日语课文，并且对其进行熟练地灵活操练；三是面对日语教师依据日语课文提出的问题，可以独立回答；四是可以独立完成日语教师留的预习与复习的作业；五是学生在学习的过程当中不仅可以独立使用电子工具书，还可以独立使用电化教学设备；六是可以积极阅读和课文相关的课外读物；七是拥有在预习课文的时候找出其中存在的疑点和难点，并且向日语教师质疑问难的重要能力。

第三节 互联网与日语教学实践

一、基于互联网的日语教学

随着社会的不断发展，大量形式多样的信息开始通过互联网进行传播。通过互联网接收各式各样的信息已经成为现今人们获取信息的主要渠道。因此，日语教学要充分利用互联网的优势，加强互联网教学的建设，使其更好地为日语教学服务。

（一）互联网的发展

互联网是世界上最开放的计算机网络，信息流动是自由的、无限制的。只要有相关的硬件设备与软件设备，任何一台计算机都能与网络进行连接，实现信息资源的共享。与此同时，计算机之间互联互通的范围与开放性对共享信息起十分重要的作用，范围越广、开放性越高，共享信息的程度也就越高，互联网在信息传输的相关功能上面展现出来得也就越大。

互联网，又称为因特网，产生于美国。1969年在ARPA（阿帕网，美国国防部研究部署）制定的协定下，美军将美国西南部的加利福尼亚洛杉矶分校、斯坦福大学研究学院、加利福尼亚大学和犹他州大学四所高校各自的计算机连接进行信息交换，构建了初级的网络。这个协定由剑桥大学的BBN和MA执行，在1969年12月开始联机。

1971年ARPANET的网点数达到17个，1973年达到40个，而且各网点间可以发送文件。1972年成立Internet工作组，负责建立"通信协议"。1974年，TCP/IP协议诞生，这个协议极大地促进了Internet的发展。

美国国家科学基金会（NSF）在1986年提供了极为重要的资金支持，建立了5个超级计算中心，并且通过通信线路之间的相互有效连接，形成了NSFNET的雏形。基于NSF的大力支持和资金保障，越来越多的高校、政府机构甚至私营研究机构开始将自身的局域网并入NSFNET中。到1991年，NSFNET下具有超过3000个子网，这为Internet的长远发展提供了条件。1993年，开发创建的WWW（World Wild Web）和浏览器为互联网的进一步发展提供了条件。通过互联网，用户不仅可以浏览文字信息，还可以接触形式多样的多媒体信息，完成信息检索、编辑、组织等操作。自此，互联网下的信息世界越来越丰富，并以惊人的速度快速发展。

根据中国互联网络信息中心发布的第38次《中国互联网络发展状况统计报告》显示，截至2016年上半年，我国网民规模达7.10亿，互联网普及率为51.7%。

互联网以图像、声音、动画、文字等电子文本作为自己的存在形式，以无法想象的速度在信息空间中蔓延，在广度和深度上突破了信息传统传播的局限，打破了国家、地区、种族的界限，实现了不同地域、不同种族人类之间的信息交流，实现了人类交往的全球化。

（二）互联网的教育教学功能

互联网能够为教育提供丰富的教学资源，也能够开创新型的教育教学模式、开拓教育教学的网络新空间。利用互联网的开放性、交互性、自由性等优势，学校可以使教育教学突破传统教育教学的局限，使其具有广泛性、普遍性、平等性、创新性和终身性等特征。

互联网的教育教学功能体现在两个层面：一是被动教育教学层面，二是主动教育教学层面。被动教育教学层面是指在网络世界中，人无时无刻都会接触到各式各样的信息，会在无意识的过程中被动地接受信息，会在潜移默化中受到熏陶与教育，从而实现互联网的教育教学功能。主动教育教学层面是指身处互联网的主体出于某种目的以自身学习的需要为基础，主动地在网络世界里寻找相关资源，自主地在网络中选择个性化教育教学服务，实现完全意义上的自主学习，完成受教育的过程。

互联网的教育教学功能深刻地影响和改变社会教育、学校教育和家庭教育。第一，在社会教育领域，互联网主体借助网络所受到的社会教育要比过去广泛和深入得多，接受社会教育的深度和广度也能得以提升。第二，在学校教育领域，学校教育正在主动适应互联网带来的新变革。一方面，网络化的教育手段已成为学校普遍运用的教育手段，教师进行多媒体教学、网上授课、网上辅导、网上研讨和交流等已较为普遍；另一方面，学生也积极利用网络进行学习、交流和研究。第三，在家庭教育领域，家长对子女的教育也受到网络的影响，他们正在学习使用网络教育平台，以实现与学校教育的互动，更全面地掌握子女的学习情况，更好地为子女的学习提供帮助，如主动地为子女定制个性化的网络教育服务、在网络上学习家庭教育知识、与他人交流家庭教育经验等。

互联网的教育教学功能对传统教育教学观念提出了挑战，要求对教育教学方法、手段、内容、评价等进行全面的改革创新，以使许多传统的教育教学理想得以实现，个性化教育、自主性教育、终身教育等正在网络文化背景下得到迅速发展。

（三）互联网辅助下的日语教学的独特性

1. 教学主体的去中心化

教学主体是日语教学的承担者、发动者和实施者。教学主体在传统的日语教学过程中具有明显的主体性特征，对日语教学的内容、方向、目标、过程、方法和结果都具有较强的控制性和掌握性，在日语教学系统中具有十分重要的作用并占据中心地位。但是，随着互联网的出现和发展，网络环境下信息极度开放，信息获取机会日益平等，使互联网日语教学者的信息占有优势逐渐丧失，过去"不对称"的信息占有状况和信息获取渠道被网络的开放性、平等性改变，教学主体已经不能独占日语教学的"话语权"，其中心地位逐渐丧失。

2. 教学客体的自主性

与教学主体地位去中心化同时发生改变的，还有教学客体自主性的增强。教学主体的权威性和中心地位的逐渐流失，其实质是网络环境下人们主体性扩展在互联网辅助日语教学中的表现。相对于教学主体地位的去中心化，教学客体会表现出更多的主导权，自主性得到增强。教育客体也就是学生自主性的增强表现在自由选择是否接受教育、自由选择教学内容和信息、自主选择教学方式方法、主动控制教学过程节奏等方面。

3. 教学载体的技术性

当互联网成为日语教学的载体时，网络自身所具有的信息技术性必然使日语教学的载体具备这样的特征，并伴随着教学内容、教学主客体、教学方式的变化而变化。互联网日语教学是以计算机技术、多媒体技术、网络技术、通信技术、视音频技术、动画技术以及虚拟现实技术等为支撑的，人们利用这些技术可以自主交换和传输包括文本、声音、图形、图像、动画等形态在内的日语教学信息，这能彻底突破传统教学方法的限制，从而极大地提高日语教学的效果。从这个层面上看，技术性不断增强的教学载体是互联网辅助日语教学最为基础的实现条件。

4. 教学手段的针对性

网络是个内容形式多样的平台，它为我们多渠道地进行日语教学提供了条件。因此，互联网日语教学能够抓住学生的需要和兴趣，能为学生及时提供全方位的信息，也可进行个性化服务，有针对性地进行教学，以促进其个性的全面发展。

5. 教学过程的互动多样性

教学过程的互动性，是指学生与作为教育者的教师、管理人员等在知识、情感、文化等方面所做的交流互动和所形成的互动关系。这种教学过程的互动性依托于先进的网络技术和多样的网络互动平台，主要有网络论坛、BBS、网络聊天工具、E-Mail、社交网络等。网络交流互动工具的多样性和功能的丰富性极大地满足了教学主客体之间的互动需要，使交流互动活动变得更加便捷。

6. 教学环境的虚拟与超越时空性

虚拟性、超越时空性是网络的本质特性，也是网络本质特性在日语教学上的要求。互联网辅助日语教学的虚拟性是指基于网络虚拟空间的日语教学的存在状态是以数字化符号的方式存在的，表现形式主要是文字、声音、图像、动画、视频等，是一种符号化的存在。教学环境的超越时空性主要表现为网络日语教学时间和空间的分离、空间与场所的分离和无时间性与时间的分离。互联网的这一特性，使网络日语教学可以很方便地进行，实现了日语教学信息的即时传递。

7. 教学空间的开放性

校园网络的建立，将学校与社会甚至是国外的世界联系在了一起，将学校中的每位学校领导、教师、学生联系在了一起。通过校园网络，学校的各种学习环境具有了相关性，打破了传统学习环境的封闭性，学生与学生之间、学生与教师之间、教师与教师之间可以进行无障碍的信息交流与学习活动。因此，利用互联网辅助日语教学能够打破传统课堂教学的限制，广泛发展学生的个性，能让学习者无限地施展问题求解、合作学习和交际策略的技能。

二、日语教学基于互联网的创新

（一）构建综合的校园网

校园网是一种建构在多媒体技术、现代通信网络技术之上，为学校学习活动、教学活动、科研活动、管理活动服务的校园内局域网络环境。

校园网可实现校内与校外之间的通信，提供诸如电子邮件、远程教育、远程访问、网络会议、专题研讨、信息搜集、信息发布、文献浏览、问题交流等信息服务。

通过校园网提供的信息化教学环境，教师能够快捷地查询和浏览所需的信息资源，借鉴其中的有用资源开展教学设计和专题研究工作，以不断充实自身的文化知识，满足学生对知识的渴求。教师可以充分利用网络的优势进行教学，可通过网络利用多媒体教学课件讲授教学内容，让学生利用多媒体视听设备进行学习，也可以通过网络为学生布置作业，考查学生学习情况，及时了解学生存在的问题并提出有针对性地解决策略。此外，教师还可精选优秀教师的教授课程，以及制作优秀的教学课件,将其放置在网络资源平台上,实现资源共享,供其他教师学习和借鉴,从而整体提高教师的综合素质,全面提高教学质量。

校园网是由网络硬件系统、网络软件系统和网络信息资源三部分构成的综合网络信息系统,其网络硬件系统主要由服务器、用户终端、相关的通信设备和器材组成,它的主要任务是为校园网提供信息存储、传输与使用的载体。

网络软件系统主要由网络操作系统、网络管理系统和网络应用系统相应的软件组成,它的主要任务是对校园网硬件系统进行管理与对信息资源进行处理。网络信息资源也可被称为信息资源库,是基于网络的关于教学理论、教学活动、教育科研等的数字化资源的综合。网络信息资源是整个校园网的核心。

在设计校园网时,应以扎实的硬件系统为基础,以不断扩展网络信息资源的理念为主导思想,既要重视以最低的成本建设网络的硬件系统,更要重视网络信息资源的建设。要以过硬的硬件系统和全面的软件系统为教学工作顺利开展提供条件。

（二）建立一支高素质的网络日语教学队伍

培养造就一支高素质的网络日语教学队伍,是做好网络日语教学工作的先决条件和重要组织保障。因此,要开展网络日语教学,当务之急是建立一支既有较高的日语专业知识、懂得语言教学规律,又具有较全面的网络应用技术,对网络文化了解深入,并能自觉把网络技术应用于日语教学实践,能在网上开展日语教学的队伍。

建立一支高素质的网络日语教学队伍,一方面要求日语教学工作者具有扎实的日语专业知识和大量的辅助知识,如教育学、传播学、法学、经济学、管理学、心理学、历史学等方面的知识;另一方面要掌握较高的计算机技术、网络通信技术、多媒体技术等,并能够熟练地将这些技术应用到日语网络教学之中,及时解决来自教学和来自网络技术等方面的问题。只有将上述所说的各项知识与技能充分结合起来,才能有效地利用网络展开日语教学,在学生心中建立教师权威。

（三）开展平等互动的日语网络课程

目前,计算机和网络日益普及,无论单位、社区还是学校都为开设网络课程创造了物质条件。网络课程可以根据形势定期或不定期推出新的讲课内容,介绍相关的日语书籍、期刊和网站，介绍理论热点和动态、研究的思路和方法等；网络课程可以具备完善的教学条件，为受教育者设计一位或多位符合其审美标准的虚拟教师形象。网络课程突破了传统教学的教学周期、课时限制、空间限制等因素，通过为受教育者提供各种信息资源，大大扩展了教学内容，使受教育者能从自己感兴趣的方向展开学习，提高了其学习兴趣，更加具有针对性和时效性。

网络课程的开发要注意教学内容的选择，要充分与网络的特性相结合，选用与之相匹配的媒体形式，如对于日本的历史可通过视频的形式进行介绍，对于日语语音可通过音频的形式进行讲解。在同一个网络课程系统下，可设置多个网络课程模式供学生选择，以针对不同学生设计不同教学的路径。

网络课程系统除了进行日语教学外，还可对教学后的知识进行测试。学生学完一课的内容后，可直接进入学习效果测试模块，进行相关选择题、对错题、简答题等形式的测验。网络课程系统还可提供题库管理系统，对学生的测试情况进行记录，收集错题，以便进行知识的巩固，对下一步学习提出建议。

网络课程的教学模式分为两种：同步模式与异步模式。同步模式是教师与学生不在同一地点，但能在同一时间进行日语教学与学习的模式。在这种模式下，教师与学生之间可以产生互动。在进行教学活动之前，教师要对所要讲授的内容进行选择、组织，将组织好的内容通过计算机将其转换为多媒体信息的形式，如文本、图形、声音、动画等，并将这些数字信息上传到网络服务器上。在教学过程中，教师可通过网络对这些内容进行展示与讲解，学生实时接收信息，并做出反馈与评价。

异步模式是教师与学生不在同一时间、同一地点进行日语教学与学习的模式。教师事先通过摄像机把所要教的内容录下来传到网络服务器上，学生根据需要对这些内容进行下载与学习。当学生遇到问题时，可以通过向教师发送电子邮件、利用实时通信软件如微信、QQ等与教师进行交流；也可以在电子公告牌、网站留言板、专题讨论组上与其他学生或教师进行讨论分析。运用异步模式，教师可以随时随地开展教学活动，学生可根据自身的学习情况自主分配时间进行学习。但是，这种模式缺乏实时性，遇到问题不能及时解决，对服务器和用户终端也有一定的要求，需要实时联网，并要提供相关的教学材料。

三、互联网资源在日语教学中的应用

（一）利用互联网资源开展形式多样的教学活动

日语教师在实际的教学过程当中应该对各种各样的网络资源进行充分的利用，并积极开展和组织各种不相同形式的有趣教学活动。在备课的时候，日语教师能从互联网当中搜索一些学生比较感兴趣的材料，如日本影视作品、日本动漫等，并将其编入到相应的课件当中，除此之外日语教师也能寻求学生的帮助，让学生帮助日语教师搜集与课件相关的视频资料。日语教师的课堂讲解主要是针对重点和难点的一系列讲解，要将学生学习日语的浓厚兴趣充分激发出来。日语教师通过在课堂上相关课件的演示，能够将学生的多种感觉进一步调动起来，从而使其在深入地学习的同时，也使学生对所学的日语知识进行思考、联想以及灵活的运用，最终让日语教师的教学效率得到大幅度的提升。

日语教师在课堂上为学生讲解单词的过程中应该对网络上的资源，如视频、图片等进行充分的利用，以便于使学生对词汇的感性认知得到不断增强。

除此之外，日语教师能在学生学习日语对话的过程当中，积极构建与其相关的日语情境，从而让学生在更加真实情境当中开展日语对话。例如，日语教师在课堂上为学生构建做客日本人家的场景，学生们扮演不同的角色进行分组对话，让学生将已经全面掌握和了解的日语对话更加灵活地应用到实际的日语交流当中。

（二）利用互联网资源开展课前预习和课后学习

学生获取日语知识的唯一途径不再是课堂上的学习以及相应的日教材。学生在面对日语教师提出的课前问题，可以通过互联网上寻找相关资料，积极寻找问题的正确答案，同时学生也能带着心中的疑问，在课堂生寻找问题的正确答案。例如，日语教师让学生查找日本的五月五日儿童节的传统风俗习惯有哪些。在互联网中寻找该问题答案的时候，学生会发现日本还有一些其他的儿童节，这也会在一定程度上面将充分激发学生深入自主学习其他的儿童节。除此之外，日语教师还能在课堂上给学生布置课后作业，使得学生充分利用课余时间去积极努力地寻找日本的其他传统节日，并且对我国节日和日本节日之间的相同点、不同点进行深入的思考，同时使所有的学生均能够找到一个比较感兴趣的日本节日，对感兴趣的日本节日进行适当的整理，并且进行现场汇报。

日语教师也要积极鼓励学生利用课后时间观看日本影视作品；在课后时间学生可以多听一些日本比较流行的歌曲或者日语新闻；学生也可以多阅读一些日本原版书籍和报纸等。极为丰富的互联网资源，一方面十分有利于快速培养学生对日语学习的浓厚兴趣，将学生学习日语的主动性与积极性充分调动和激发出来，从而进一步增进学生对日本社会文化的深入认识和了解；另一方面，除了给日语教师的教学过程提供了极为丰富的教学资源外，还为学生提供了非常丰富的学习资源。

（三）利用网络社交工具和 APP 辅助日语教学

日语教师可以通过互联网建立网络社交工具，如微信群、QQ 群等，不断加强和学生之间的深入交流与沟通，学生提出的问题可以及时、快速地被解决或者被提供相应的帮助，也可通过微信、电子邮箱等网络社交工具接收作业和批改作业。例如，让学生阅读或者背诵已经掌握的日语文章，并且通过录语音的最终形式发送给日语教师；在微信里订阅相关学习的公众号，能够有效帮助学生快速沉浸在日语的环境当中，使学生对学习日语的兴趣得到大幅度提升，也在一定程度上面拓展了学生的课外知识。

日语教师还能够对互联网中的 APP 进行充分的灵活利用，从而使日语教学模式变得更加丰富。APP 中的内容包括日语的文章、视频等，非常丰富。日语教师在教学的过程当中可以充分按照教学的实际要求，选择合适的 APP 进行更好的辅助教学，学生也能依据日语教师的正确指引和引导下载 APP，对 APP 进行合理地运用。日语教师还能正确指引和指导学生在手机上面安装日语输入法，使学生在与教师或者同学日常交流和沟通的过程当中，对课堂上学到的日语词汇与语法进行更加充分灵活的运用。

（四）利用日语在线教育平台营造学习氛围

无论是对教师还是对学生，在线教育不仅为师生提供了极为丰富的资源，还为师生提供了非常广阔的空间，使学生在学习日语的过程当中有自主选择学习内容的机会，能随时登录在线教育网站学习日语。学生通过接受各个不相同渠道的日语知识，会在一定程度上提高自身学习日语的主动性和积极性。时代在发展、科技在进步，师生均需紧随时代潮流的步伐，主动、快速地适应时代的各种变化，对在线教育平台进行充分的利用，以便于寻找更多的相关日语资源，有效弥补日语教材更新缓慢的缺点。同时，师生通过对日语在线教育平台的充分利用，也可以营造一种非常浓厚的良好日语学习环境和氛围，并且日语教师不仅可以学习到先进的教学方法，还能学到先进的教学理念。

综上所述，网络资源和以语法、文字为中心的传统日语教学相比较，在实际日语教学的过程当中能展现出非常大的优势。日语教师在教学的时候通过网络资源中极为丰富的视频、图片等，既能让日语教学的过程变得生动、有趣，也能使教学的过程变得更加直接、灵活，可将学生学习日语的浓厚兴趣充分激发出来，也可进一步调动学生对日语学习的主动性和积极性，与此同时这对师生也提出了更高的要求。日语教师一方面要对网络知识与计算机能力进行更加充分的掌握，另一方面也应该培养与教育学生灵活运用网络资源方面的相关能力。日语教师在课堂上开展教学的时候应该对课堂教学与网络资源结合的形式进行充分的灵活运用，进而培养出优秀的日语人才，并且日语人才还要具有比较强的跨文化交际能力。学生在日常学习日语的过程当中应该积极、主动地利用网络资源，在学会自我控制的同时，学会自我调节，最大限度地避免迷失在网络游戏或者网络资源之中。

参考文献

[1] 王丽珠. 课程思政背景下日语专业教师教学信念与教学实践探索——经验教师个案研究 [J]. 高教学刊, 2022, 8(23): 164-167+172.

[2] 徐平. 高等院校日语专业基础课教学创新实践与反思 [J]. 科教导刊, 2022(21): 98-100.

[3] 李笑楠. 新媒体时代日语教学应用研究 [J]. 中国报业, 2022(12): 124-125.

[4] 魏海燕. "互联网+"背景下高校日语教学中跨文化交际能力的培养 [J]. 办公自动化, 2022, 27(10): 25-27.

[5] 芦丽红. 高校日语教学中日本文化的中国元素挖掘探讨 [J]. 延边教育学院学报, 2022, 36(02): 20-23.

[6] 田静婕. 关于日语专业大学生日语学习动机内部因素的探究 [J]. 品位·经典, 2022(06): 59-62+77.

[7] 刘杨秋. 日语翻译工作坊与人才培养 [J]. 湖北开放职业学院学报, 2022, 35(01): 116-117+120.

[8] 胡晓寒, 李正亚. 高校日语"线上+线下"混合式教学模式研究 [J]. 现代职业教育, 2022(01): 64-66.

[9] 朱奇莹. 新时代语境下日语翻译教学创新探索 [J]. 天津中德应用技术大学学报, 2021(06): 77-82.

[10] 王升远, 修刚, 王忻, 等. 中国的日语语言研究：困境、挑战与前景 [J]. 日语学习与研究, 2021(05): 1-20.

[11] 刘昶. 日语教学在高校的文化导入研究 [J]. 湖北开放职业学院学报, 2021, 34(18): 127-129.

[12] 杨晖. 国际理解教育视角下的高校日语专业教学改革 [J]. 太原城市职业技术学院学报, 2021(09): 94-96.

[13] 程茜. 高校日语体验式教学探究 [J]. 陕西教育(高教), 2021(09): 41-42.

[14] 王连娣. "互联网+"浪潮下大学生日语自主学习新模式研究 [J]. 北京印刷

学院学报，2021，29(08)：119-121+137.

[15] 马宵月.创新日语教学模式，培养现代日语人才——评《日语教学法》[J].山西财经大学学报，2021，43(09)：131.

[16] 冷丽敏.高校日语教师专业发展路径探索与模式构建[J].日语学习与研究，2021(03)：67-74.

[17] 徐国清.基于互联网技术的基础日语教学模式分析[J].电子技术，2021，50(04)：148-149.

[18] 郝卓.多媒体背景下基础日语课程混合式教学模式的构建[J].辽宁工业大学学报(社会科学版)，2020，22(03)：133-135.

[19] 赵晨孜.日本动漫文化在日语学习中的应用研究[J].文化创新比较研究，2020，4(16)：160-162.

[20] 吴琳，张萍.日语专业大学生学习态度对学习投入的影响及大数据时代下教育改革对策[J].黑龙江高教研究，2020，38(01)：111-115.

[21] 姚艳玲，高荣聪.日语专业大学生日语学习动机类型及影响因素研究[J].东北亚外语研究，2017，5(03)：63-68.

[22] 洪优.我国高等院校学生日语学习动机历时研究[J].日语学习与研究，2017(02)：85-93.

[23] 冷丽敏.日语学习者多样化背景下的日语教育[J].中国外语，2012，9(05)：83-89.

[24] 毋育新.现代日语礼貌现象研究[M].杭州：浙江工商大学出版社，2019.

[25] 关春园，徐洪亮，多元化视角下的日语研究[M].北京：新华出版社，2015.

[26] 于康，徐爱红，徐莲，等日语复合助词的偏误研究[M].杭州：浙江工商大学出版社，2019.

[27] 于康，林璋，于一乐，等日语格助词的偏误研究[M].杭州：浙江工商大学出版社，2017.

[28] 谢婷.中国日语学习者的跨文化交际焦虑研究[D].北京：北京外国语大学，2017.

[29] 杨雅琳.日语教师身份认同建构的叙事研究[D].北京：北京外国语大学，2016.

[30] 伏泉.新中国日语高等教育历史研究[D].上海：上海外国语大学，2013.